100 Diktate für die 3. Klasse

Ravensburger Buchverlag

4 3 2 1 16 15 14 13
Alle Rechte vorbehalten
© 2013 Ravensburger Buchverlag Otto Maier GmbH
Postfach 1860 • D-88188 Ravensburg
Distr. CH: Carlit + Ravensburger AG • Grundstr. 9 • CH-5436 Würenlos

ISBN 978-3-473-41980-7

Redaktion: Sabine Korff
Text: Manuela Goldbach
Illustration: Katharina Wieker
Charakter Lara, Karlo und Konfetti: Loori
Innenlayout: design-box.de | Eva Drewniok
Umschlaggestaltung: designschneiderei.de
Printed in Germany
www.ravensburger.de

Inhaltsverzeichnis

Satzzeichen

Liebe Eltern,

Tipps

ein wichtiger Bestandteil der schulischen und auch außerschulischen Kompetenzerweiterung von Kindern liegt im sprachlichen Bereich. Hierbei kommt der Rechtschreibung im schriftlichen Bereich eine Schlüsselrolle zu, damit Kinder sich in der Schule und im späteren Leben zurechtfinden können. Werden die bestehenden Rechtschreibregeln verstanden und angewendet, kommen Fehlschreibungen nur noch selten vor.

Üben

Hat ein Kind Schwierigkeiten beim Erlangen der Rechtschreibkompetenz, sollte besser täglich für kurze Zeit geübt werden. Wichtig ist hierbei, dass die Rechtschreibregeln mit dem Kind noch einmal besprochen werden.

Diktieren

Die folgenden Diktate behandeln schwerpunktmäßig Rechtschreibphänomene und sind mit entsprechenden Regeln versehen. So können Sie und Ihr Kind gemeinsam üben und nachlesen. Um Ihnen das Diktieren zu erleichtern, sind Markierungen für Diktierpausen bereits vorgegeben.

Viel Erfolg beim gemeinsamen Üben wünscht Ihnen
die Redaktion

Liebes Schulkind,

du kannst alleine oder gemeinsam mit deinen Eltern die Rechtschreibung üben. Damit es dir leichter fällt, beachte folgende Tipps:

→ Sprich beim Schreiben leise mit, damit du jeden Laut hörst und dann aufschreiben kannst.
→ Kontrolliere deinen Text am Ende noch einmal. Denke dabei an die Rechtschreibregeln.
→ Bastle dir eine Kontrollkarte (siehe Seite 9). Decke mit ihr alle anderen Wörter ab und konzentriere dich auf ein Wort. Lies dabei jeden Buchstaben, dann kannst du dir sicher sein, dass du alle Laute geschrieben hast.
→ Schwierige Wörter musst du dir merken. Schau dir dazu die Liste auf den Seiten 95 und 96 an.
→ Lass dir jeden Tag etwas diktieren, dann kannst du dir die Rechtschreibregeln schnell merken. Schau dir die Regeln und Merksätze vorher genau an.

Viel Erfolg beim Üben wünschen dir
Karlo, Lara und Konfetti

So kannst du alleine üben:

- **Laufdiktat**
  Lege den Diktattext etwas entfernt von deinem Schreibtisch ab, z. B. auf deinem Bett. Laufe zum Text und merke dir einige Wörter. Laufe zurück zu deinem Schreibtisch und schreibe die Wörter auf.

- **Dosendiktat**
  Schreibe jeden Satz auf einen Papierstreifen und notiere auf der Rückseite die Reihenfolge der Sätze (1, 2, 3, 4 …). Wenn du fertig bist, suche dir den 1. Satzstreifen. Lies dir den Text durch und präge ihn dir ein. Wirf den Streifen in die Dose und schreibe den Satz auswendig auf. Kontrolliere den Satz noch einmal und suche dann den 2. Satzstreifen. Wenn alle Satzstreifen in der Dose sind, holst du sie wieder heraus und kontrollierst deinen Text.

- **Üben mit der Kontrollkarte**
  Decke mit deiner Kontrollkarte immer nur einige Wörter auf und merke sie dir. Decke die Wörter mit der Kontrollkarte wieder ab und schreibe sie auf.

REGEL

au und ei

Sprich beim Schreiben leise mit, so hörst du jeden Laut.

Achte auf die Laute **au** und **ei**. Sie bestehen aus zwei Buchstaben.

Beispiel

schlau, weil, außerdem

Schlau, schlauer, Delfin

Delfine gelten | als die **schlauesten** | Tiere der Welt, | **weil** man sie | sehr schnell | dressieren kann. | Aus diesem Grund | werden sie häufig | in Zoos gehalten. | Auch in **Freiheit** | sind Delfine | für ihre hohen Sprünge | **aus** dem Wasser bekannt. | **Weil** sie sich | so verspielt | im Wasser tummeln, | **heißen** Delfine | **auch** Tümmler. | Mit ihrer **schlauen** Art | und ihrem **heiteren** Schwimmen | können sie sogar | dabei helfen, | kranke Menschen zu **heilen**. | **Aufgrund** ihrer glatten **Haut** | sind Delfine **außerdem** noch | die schnellsten Säugetiere | im Wasser. |

82 Wörter

Hoch und weit

Das rote Riesenkänguru | aus Australien | gehört zu den schnellsten | Tieren der Welt. | Das **Beuteltier** kann | bis zu zehn Meter weit | und drei Meter hoch springen. | Das **bedeutet**, | Kängurus könnten | kleine **Bäume** | einfach überspringen. | Dabei **steuern** sie | ihren Sprung | mit dem Schwanz. | Ihren Nachwuchs | ziehen sie in **Beuteln** | an ihren **Bäuchen** auf. | Riesenkängurus fressen | bis zu zehn Stunden täglich. | Bei Hitze | ruhen sie sich | im Schatten | von **Bäumen** aus. |

71 Wörter

REGEL

äu oder eu?

Wörter mit **äu** lassen sich von einem verwandten Wort mit **au** ableiten.

Beispiel

Häuser → Haus
Bäume → Baum

Wörter mit **eu** gehören nicht zu einer Wortfamilie mit **au/äu**.

Beispiel

Beutel, steuern

REGEL

äu oder eu?

Wörter mit **äu** lassen sich von einem verwandten Wort mit **au** ableiten.

Beispiel

Maus – Mäuse
Bauer – Bäuerin

Wörter mit **eu** gehören nicht zu einer Wortfamilie mit **au/äu.**

Beispiel

Heu, Scheune, neun, heute

Fledermäuse auf dem Dachboden

Stella und Kira | haben sich | für **heute** Abend verabredet. | In der Dämmerung | wollen sie | in der **Scheune** | der Nachbarn zuschauen, | wenn die **Fledermäuse** | aus dem Dachboden fliegen. | Weil die Tiere | so **scheu** sind, | müssen sie | sehr leise sein. | Die **Bäuerin** hat ihnen | eine gute Stelle gezeigt, | an der sie | auf dem **Heu** | liegen können. | Nun warten sie | und versuchen | keine **Geräusche** zu machen. | Stella wäre | beinahe eingeschlafen. | Doch dann sehen sie | die **Fledermäuse**. | Kira zählt **neun** Tiere. |

81 Wörter

Amelie und das Traumkleid

Amelies Tante heiratet | am nächsten Wochenende. | **Heute** geht sie | mit ihrer Mutter | in die Stadt | und holt ihr Kleid | beim Schneider ab. | Die **Säume** mussten | noch umgenäht werden. | Es ist das Kleid | ihrer **Träume**. | Sie **freut** sich | schon so darauf | neben ihrer Tante | zu stehen. | Ihre Mama | **bläut** ihr ein, | dass sie auf das **neue** Kleid | aufpassen muss, | weil es so **teuer** ist. | Aber das muss sie | Amelie nicht sagen, | sie will es schließlich | an ihrem Geburtstag | ihren **Freundinnen** zeigen. |

84 Wörter

REGEL

äu oder eu?

Wörter mit **äu** lassen sich von einem verwandten Wort mit **au** ableiten.

Beispiel

Traum – Träume
Saum – Säume

Wörter mit **eu** gehören nicht zu einer Wortfamilie mit **au/äu.**

Beispiel

Freunde, heute, teuer

REGEL

ai oder ei?

Den Laut **ei/ai** kann man beim Sprechen nicht unterscheiden.

Wörter mit der Schreibweise **ai** sind selten.

Merke dir

Hai, unfair, Waise, Training

* Namen von Tieren und Menschen können unterschiedlich geschrieben werden. Bist du dir unsicher, schau im Wörterbuch nach.

Glück im Unglück

Maike* ist noch immer | ganz traurig. | Gestern wurde ihre Katze Lilli | von **einem** Auto überfahren. | Jetzt muss sich **Maike** | um die **drei** | kleinen Katzenkinder kümmern. | Die **kleinen Waisen** | müssen noch mit **einer** Flasche | gefüttert werden. | **Samurai** ist der **kleine** Kater. | Er ist besonders | ungeschickt **beim** Trinken. | Doch nach kurzem **Training** | kann auch er | aus der Flasche trinken. | Jetzt können alle überleben. | **Maike** ist glücklich | und ist nicht mehr | ganz so traurig. |

74 Wörter

Der schlechte Ruf des Hais

Der **Hai** gilt | **bei** den Menschen | als **eines** der gefährlichsten Tiere. | Diese Behauptung | ist aber **eigentlich unfair**. | Angriffe von **Haien** | sind selten, | tödliche Unfälle noch seltener. | Der **Hai greift** | einen Menschen nur an, | **weil** er denkt, | dass es sich | um **eine** Beute handelt. |

Der Mensch ist jedoch | dafür verantwortlich, | dass viele **Haiarten** | vom Aussterben | bedroht sind. | Der Mensch ist also | für den **Hai** | viel gefährlicher | als umgekehrt. |

72 Wörter

Nicolai trainiert

Seit **Nicolai** *| mit **seinem** Vater | einen Bericht | über die **Samurai** gesehen hat, | will auch er | **ein Samurai** werden. | Sie waren die Armee | des japanischen **Kaisers** | und mussten hart **trainieren**. | **Nicolai** hat sein **eigenes Training** | erfunden und macht gerade | in **seinem** Zimmer **einige** Übungen. | Als **sein** Vater **herein** kommt, | staunt er über **Nicolais Eifer**. | Dann jedoch erklärt | sein Vater ihm, | dass die **Samurai** | alles für ihren **Kaiser** | tun mussten, | dafür aber wenig | Lohn erhielten. | Da ist es mit **Nicolais Eifer** | schnell **vorbei**. | Vielleicht hätte er | den Bericht | zu Ende ansehen sollen. |

92 Wörter

REGEL

ai oder ei?

Den Laut **ei/ai** kann man beim Sprechen nicht unterscheiden.

Wörter mit der Schreibweise **ai** sind selten.

Merke dir

trainieren, Kaiser, Samurai

* Namen von Tieren und Menschen können unterschiedlich geschrieben werden. Bist du dir unsicher, schau im Wörterbuch nach.

REGEL

Wörter mit chs

Der Laut **ks** wird unterschiedlich geschrieben: Keks, Fuchs, Text, geradewegs

Merke dir

Luchs, wechseln, sechs, Echse, wachsen

Der Luchs

Neben dem Bären | und dem Wolf | ist der **Luchs** | das größte Raubtier, | das in Europa | heimisch ist. | An den Ohrspitzen | **wachsen** Haarbüschel. | An diesen Pinselohren | ist der **Luchs** | gut zu erkennen. | Wie jede Katze | kann der **Luchs** | in der Dämmerung | gut sehen. | Seine Augen | sind **sechsmal** lichtempfindlicher | als das Auge | des Menschen. | Das Fell ist im Sommer | rötlich oder gelblich. | Im Winter **wechselt** es | zu grau bis graubraun. |

70 Wörter

Im Fuchsbau ist viel los

Die **Füchsin** hat | in diesem Jahr | viel **Nachwuchs** bekommen. | Sie hat **sechs** Junge | zur Welt gebracht. | Die Jungen **wachsen zunächst** | im **Fuchsbau** auf. | Bald tollen sie schon | draußen zwischen allen | **Gewächsen** herum. | Dann muss die Mutter | aufpassen wie ein **Luchs**, | damit nichts passiert. | Den Bau hat die **Füchsin** | mit ihren Jungen | einfach bezogen. | Er gehörte vorher | einem **Dachs**. | Manchmal leben **Füchse** | auch mit einem **Dachs** zusammen. | Dann muss der Bau | jedoch sehr groß sein. |

79 Wörter

Echsen

Zu den **Echsen** gehören | viele Arten kleiner Reptilien. | Zum Beispiel die **Eidechse**, | der Leguan | oder auch der Waran. | Sie unterscheiden sich | von anderen Reptilienarten dadurch, | dass ihnen mehrere | Schuppenreihen **wachsen**. | **Echsen** gehören | zu den **wechselwarmen** Tieren. | Das heißt, | sie haben keine | konstante Körpertemperatur. | Deshalb können sie sich | bei niedrigen Temperaturen | weniger gut bewegen. | **Eidechsen** können ihren Schwanz | an dafür vorgesehenen Stellen | bei Gefahr abwerfen. | Er kann dann | wieder **nachwachsen**. |

70 Wörter

REGEL

Wörter mit chs

Der Laut **ks** wird unterschiedlich geschrieben: Keks, Fuchs, Text, geradewegs

Merke dir

Dachs, Fuchs, wachsen, sechs

REGEL

Wörter mit gs

Wörter mit **ks**-Lauten werden unterschiedlich geschrieben: dienstags, Keks, Fuchs, Text

Wenn du dir nicht sicher bist, wie das Wort geschrieben wird, versuche es in die Grundform zu setzen und verlängere es.

Beispiel

dienstags → Dienstag → Dienstage

Schnitzeljagd

Mira, Basti und Jan | sind im Wald **unterwegs**. | Jan hat Geburtstag | und seine Mutter hat | eine Schnitzeljagd geplant. | Sie haben **längst** | alle Hinweise gefunden. | **Allerdings** müssen sie sich beeilen, | um die anderen einzuholen. | Basti schlägt vor, | eine Abkürzung zu nehmen. | **Folgsam** gehen Mira | und Jan hinter ihm her. | Doch plötzlich ist **rings**herum | nur dichter Wald. | Sie bekommen **Angst**. | Mira fällt ein, | dass die Sonne **mittags** | im Süden steht. | Sie weiß, | dass der Wald | nördlich liegt. | Also laufen sie Richtung Süden. | Bald schon sehen sie die Häuser. | Mira ist wirklich die **Klügste**. |

92 Wörter

Wer ist der Klügste?

Am Wochenende | spielt Familie Wilhelm | gerne Wissensspiele. | Dann will jeder | der **Klügste** sein. | **Anfangs** haben die Erwachsenen | immer gewonnen. | Aber **neuerdings** | sind Konstantin und Verena | zu **ärgsten** Konkurrenten geworden. | Beide wollen zeigen, | dass sie **längst** | keine kleinen Kinder mehr sind. | Konstantin will **wenigstens** beweisen, | dass er klüger | als seine Schwester ist. |

55 Wörter

Angst um Struppi

Dienstags geht Paul | immer zum Training. | Oft nimmt er Struppi, | seinen Hund, mit. | Sie laufen von zu Hause | **geradewegs** bis zum Sportplatz. | Dort wartet Struppi brav, | bis Paul fertig ist. |
Auch heute | laufen Paul und Struppi | **mittags** zum Training. | Doch nach dem Training | ist Struppi weg. | Paul hat **Angst**. | Wo kann Struppi nur sein? | Er rennt **flugs** | nach Hause. | Doch dort ist Struppi **keineswegs**. | Paul macht sich | auf die Suche | und läuft durch den ganzen Ort. | **Allerdings** findet | er ihn nicht. | Als er schon aufgeben will, | sieht er Struppi | bei Mona im Garten. | Er spielt mit Monas Hund. |

101 Wörter

REGEL

Wörter mit gs

Wörter mit **ks**-Lauten werden unterschiedlich geschrieben: diensta<u>gs</u>, Ke<u>ks</u>, Fu<u>chs</u>, Te<u>xt</u>

Wenn du dir nicht sicher bist, wie das Wort geschrieben wird, versuche es in die Grundform zu setzen und verlängere es.

Beispiel

keineswegs → Weg → Wege

REGEL

Wörter mit x

Wörter mit **ks**-Lauten werden unterschiedlich geschrieben: dienstags, Keks, Fuchs, Text

Es gibt nur wenige Wörter mit **x**. Diese musst du dir merken.

Beispiel

Experiment, mixen, boxen, Text, Nixe, Luxus

* Namen von Tieren und Menschen können unterschiedlich geschrieben werden. Bist du dir unsicher, schau im Wörterbuch nach.

Das missglückte Experiment

Max* freut sich | immer besonders | auf die **Experimente** | im Unterricht. | Frau Schwert* lässt sie heute | Wasser und Erde **mixen**. | Die braune Flüssigkeit | gießen sie in einen Behälter, | in dem Sand und Kies | geschichtet sind. | Kai erlaubt sich einen **Jux** | und **boxt** Kai in die Seite. | **Max** stößt an den Tisch | und das gesamte | **Experiment** fällt um. | Frau Schwert schaut | **extrem** böse. | Jetzt darf **Max** | alles aufwischen. | Das hat Kai | mal wieder **extra** gemacht, | damit **Max** Ärger bekommt. |

80 Wörter

Das Findelkind

Moritz und Sanja | gehen nach der Schule | nach Hause. | Am Bach hören sie plötzlich | ein **extremes** Jaulen. | Sofort schauen sie nach, | woher das Jaulen kommt. | „**Verflixt**, | da hängt | ein kleiner Hund | mit seinem Halsband fest!“, | ruft Sanja. | Moritz ist schon | auf dem Weg | zu dem kleinen Hund. | **Fix** hat er ihn befreit. | Der Hund zittert | noch vor Angst. | Sie nehmen ihn | mit nach Hause. | Ihre Mutter denkt, | die beiden machen einen **Jux**. | Doch dann hilft sie ihnen | ein Plakat zu gestalten. | Damit wollen sie | den Besitzer suchen. |

89 Wörter

Nixe Trixie auf Abwegen

Immer wieder schimpft | **Trixie*** vor sich hin: | „**Verflixte** Schwanzflosse! | Ich hätte viel lieber Beine. | Dann könnte ich | an Land gehen.“ | **Trixie** ist eine **Nixe**, | ihr Vater ist | der König des Riffs. | Aber **Trixie** hat | den **Luxus** satt. | In der Schule | haben sie einen **Text** | über die Menschen gelesen. | Seitdem möchte | die kleine **Nixe** | an Land leben. | Deswegen hat sie | den großen **Hexer** Simeon | beauftragt ihr Beine zu **hexen**. | Leider ist er sofort | zu **Trixies** Vater gegangen | und hat ihm alles erzählt. | Nun wird aus dem | tollen Plan nichts. |

92 Wörter

REGEL

Wörter mit x

Der Laut **ks** wird unterschiedlich geschrieben: Keks, Fuchs, Text, geradewegs

Es gibt nur wenige Wörter mit **x**. Diese musst du dir merken.

Beispiel

Jux, extrem, verflixt

* Namen von Tieren und Menschen können unterschiedlich geschrieben werden. Bist du dir unsicher, schau im Wörterbuch nach.

REGEL

g oder k?

Bist du dir am Wortende unsicher, ob du ein **g** oder ein **k** schreibst, verlängere das Wort.

Beispiel

Burg → Burgen
Park → parken
Berg → Berge

Die Teile der Ritterburg

Eine **Ritterburg** diente | als Befestigungsanlage | zum Schutz vor Feinden. | **Häufig** steht sie | auf einem **Berg**, | damit der **Burgherr** | einen guten Blick hatte. |
Gab es einen Angriff, | war der **Sieg** meist sicher, | weil hohe Mauern schützten. |
Schon der **Weg** zur **Burg** | war gut bewacht. |
Im **Park** konnte die **Burgherrin** | spazieren gehen. | In der Küche | rührte der Koch den **Teig** | und im Stall standen die Tiere. |
Für den Bau einer **Burg** | waren viele tausend Arbeiter | zehn bis **zwanzig** Jahre **lang** am **Werk**. | Heute sind von vielen Burgen | nur noch Ruinen **übrig**. |

93 Wörter

An der Kletterwand

Tina und ihre Familie | **sind** im Kletterpark. | Tina möchte heute | die steilere **Kletterwand** ausprobieren. | **Zuerst** wird sie **angeseilt**, | dann **greift** sie | mit der rechten **Hand** | den ersten Griff | und **zieht** sich nach oben. | **Mit** den Füßen | **findet** sie | auf den unteren Griffen **Halt** | und **klettert** so | immer weiter nach oben. | Ihr Vater | **sichert** sie von unten. | Er ist stolz, | als Tina oben angekommen **ist** | und **seilt** sie langsam | wieder ab. |

73 Wörter

REGEL

d oder t

Bist du dir am Wortende unsicher, ob du ein **t** oder ein **d** schreibst, verlängere das Wort.

Beispiel

Hand → Hände
Arbeit → arbeiten
Wand → Wände
Halt → halten

Hörst du vorher ein **n**, schreibst du meist **d**.

Beispiel

Wind, Land, Wand, und, sind

REGEL

Wörter mit dt

Es gibt nur wenige Wörter, die mit **dt** gebildet werden. Sie leiten sich von den Wörtern ***senden***, ***laden*** und ***wenden*** ab.

Merke dir

senden – gesandt – Gesandtschaft

wenden – verwandt – Verwandtschaft – gewandt – bewandt

Fauler ist niemand

Das Faultier trägt | seinen Namen | nicht umsonst. | Es ist das langsamste | Säugetier der Welt. | **Verwandt** ist es | mit dem Ameisenbär. | Es hängt die meiste Zeit | seines Lebens | kopfüber an Ästen | und ernährt sich | hauptsächlich von Blättern. |
Selbst ihren Nachwuchs | bekommen die Weibchen hängend. | Das junge Faultier | klammert sich **gewandt** | an seiner Mutter fest, | bis es selbstständig ist. |
Da Faultiere im Regenwald leben, | sind sie durch die Rodung | der Regenwälder bedroht. |

73 Wörter

Die liebe Verwandtschaft

Wieder einmal konnte | König Karl* nichts daran ändern. | An seinem Geburtstag | waren alle **Verwandten** gekommen, | um ihm zu gratulieren. | **Gewandt** drückte er jedem | freundlich die Hand | und lächelte, | auch wenn er lieber | die **Stadt** verlassen hätte. | Auch Graf Sigurd* kam | mit seiner ganzen **Gesandtschaft**. |
Manchmal wünschte König Karl, | er wäre ein einfacher Bauer, | der seinen Karren **belädt**. | Leider ist er jedoch | mit dem ganzen Adel **verwandt**. | Man kann sich eben | die **Verwandtschaft** nicht aussuchen. |

77 Wörter

REGEL

Wörter mit dt

Es gibt nur wenige Wörter, die mit **dt** gebildet werden. Sie leiten sich von den Wörtern *senden*, *laden* und *wenden* ab.

Merke dir

senden – gesandt – Gesandtschaft

laden – ablädt – belädt
wenden – verwandt –

Verwandtschaft – gewandt – bewandt

* Namen von Tieren und Menschen können unterschiedlich geschrieben werden. Bist du dir unsicher, schau im Wörterbuch nach.

REGEL

f oder v?

Hörst du beim Sprechen ein **f**, schreibst du meist auch ein **f/F**. Manchmal musst du jedoch ein **v/V** schreiben. Diese Wörter musst du dir merken.

Merke dir

Vogel, viel, völlig, vier, von

Viel größer als ein Hühnerei

Der **Vogel** Strauß | ist der größte lebende **Vogel** der Erde. | Er gehört zu den **Laufvögeln**. | Sein Gewicht ist | mit einhundertzehn Kilogramm | so groß, | dass es für ihn | **völlig** unmöglich ist, | zu fliegen. |
Die Eier des **Vogels** | haben einen Durchmesser | **von** fünfzehn Zentimeter | und wiegen etwa zweitausend Gramm. |
Vergleicht man es mit Hühnereiern, | würden **vierundzwanzig** Hühnereier | in ein Straußenei passen. |
Will man einen Strauß **verfolgen**, | muss man schnell laufen können. | Denn die Höchstgeschwindigkeit | des Straußes beträgt 70 km/h. |

82 Wörter

Vater in Not

Annas **Vater** war **verzweifelt**. | Er hatte den Hochzeitstag | **völlig vergessen**. | Nun war er auf der Suche | nach einem Geschenk | für Annas Mutter. | Leider war kaum noch Zeit. | Um halb **vier** | würde seine Frau | wieder zu Hause sein. |

Anna wollte ihrem **Vater** helfen. | Sie hatte für Oma Elses Geburtstag | ein schönes Bild | mit einem bunten **Vogel** gekauft. | Das würde sicher auch | ihrer Mutter gefallen. | Nachdem sie ihrem **Vater** | von dem Bild erzählt hatte, | war er erleichtert. | Er **versprach** ihr, | ein Geschenk für Oma Else zu besorgen. |

88 Wörter

REGEL

f oder v?

Hörst du beim Sprechen ein **f**, schreibst du meist auch ein **f/F**. Manchmal musst du jedoch ein **v/V** schreiben. Diese Wörter musst du dir merken.

Merke dir

Vater, Vogel, völlig, vier

REGEL

w oder v?

Hörst du beim Sprechen ein **w**, schreibst du meist auch ein **W/w**. Aber auch der Buchstabe **V/v** kann wie **w** klingen.

Merke dir

Vulkan, Lava, aktiv

Aktiver Vulkan

Der einzige **aktive Vulkan** Europas | ist der **Vesuv**. | Er befindet sich in Italien, | in der Nähe | der Stadt Neapel. | Im Jahr 1944 | brach der **Vulkan** | das letzte Mal aus. | Flüssige **Lava** floss | den Berg herunter. | Seitdem befindet sich der **Vesuv** | in einer Ruhephase. | Er ist jedoch nicht erloschen, | sondern bleibt weiterhin gefährlich. | Deswegen sollen die Menschen, | die in der Nähe des **Vesuvs** leben, | umgesiedelt werden. | Jedoch wollen die meisten | Menschen dort **wohnen** bleiben. |

75 Wörter

Das Traumzimmer

Victoria* freut sich schon | auf heute Nachmittag. | Wenn sie aus der Schule kommt, | darf sie endlich | in ihr neues Zimmer einziehen. | Sie hat sich zum Geburtstag gewünscht, | dass ihr Zimmer **violett** | gestaltet wird. | Als sie nach Hause kommt, | ist sie überglücklich. | Ihr Zimmer ist weiß gestrichen | und hat einen **violetten** Streifen | auf allen Wänden. | Außerdem hat ihre Mutter | eine tolle **Vase** | in der gleichen Farbe ausgesucht. | Auf der **Vitrine** | steht ein Duftlämpchen. | Es riecht toll nach **Vanille**. |

79 Wörter

REGEL

w oder v?

Hörst du beim Sprechen ein **w**, schreibst du meist auch ein **W/w**. Aber auch der Buchstabe **V/v** kann wie **w** klingen.

Merke dir

Vanille, Vitrine, violett

* Namen von Tieren und Menschen können unterschiedlich geschrieben werden. Bist du dir unsicher, schau im Wörterbuch nach.

REGEL

Wörter mit ß

Hörst du einen langen Vokal (Selbstlaut), folgt ein **ß**.

Beispiel

Straße, Fuß, gießen

Frecher Affe

Tierpfleger Hans hat | vor einigen Wochen | ein **süßes** Totenkopfäffchen | bei sich aufgenommen. | Das kleine Äffchen Nils | hatte durch einen **Stoß** | der erwachsenen Affen | eine Verletzung am **Fuß**. | Gerade sitzt Nils | auf Hans' **Schoß** | und wird gefüttert. | Danach darf er ins Gehege | nach **draußen**. | Das macht Nils viel **Spaß**. | Dort kann er **fleißig** klettern, | damit er **groß** und stark wird. | Im Haus ist nichts mehr | vor ihm sicher. | Er hat schon viele **Gefäße** | herunter-**gestoßen**. |

75 Wörter

Blumendienst

Annes Oma ist | für zwei Wochen | in den Urlaub gefahren. | Sie hat Anne darum gebeten, | ihre Blumen im Haus | und **draußen** im Garten zu **gießen**. | Annes Oma wohnt | nur wenige **Straßen** | von Annes Schule entfernt. | Anne geht immer | direkt nach dem Unterricht | zu **Fuß** dorthin. | Es macht ihr viel **Spaß** | im Garten nach den Blumen zu schauen. | Heute ist es besonders **heiß**, | da muss sie viel **gießen**. | Oma hat ihr erlaubt | einen **Strauß** für Mama zu pflücken, | **schließlich** ist Muttertag. |

81 Wörter

Der Riese unter den Tieren

Das **größte** und schwerste | aller Tiere der Erde | ist der Blauwal. | Er wird bis zu **dreißig** Meter lang | und wiegt bis zu | zweihundert Tonnen. | Das ist ungefähr so viel | wie dreiundzwanzig Elefanten zusammen. | Ein Blauwal wiegt **schließlich** | bei der Geburt schon zwei Tonnen, | das **heißt** so viel | wie zwei Kleinwagen. |
Die Adern, | durch die das Blut **fließt**, | sind so **groß**, | dass ein Mensch | hindurchschwimmen könnte. | Mit der Luft, | die ein Blauwal beim Atmen **ausstößt**, | könnte man zweitausend | Luftballons füllen. |

84 Wörter

REGEL

Wörter mit ß

Hörst du einen langen Vokal (Selbstlaut), folgt ein **ß**.

Beispiel

groß, fließen

REGEL

Wörter mit ss

Hörst du einen kurzen Vokal (Selbstlaut), schreibe **ss**.

Beispiel

Schluss, Kasse, essen

Piraten sind nicht zu fassen

Kapitän Pit **hisst** gerade | die Flagge auf dem Schiff, | das seine Mannschaft geentert hat. | Dieses Schiff hat sich | ganz einfach einnehmen **lassen**. | Pit hat nur einen **Warnschuss** abgegeben, | schon haben sich | die Matrosen ergeben. | Nun wollen sie **Kasse** machen | und suchen nach | verborgenen Schätzen. | Etwas zu **essen** wäre auch gut, | sie sind seit Tagen unterwegs, | ohne etwas **gegessen** zu haben. | Sie **mussten** sich auch | kurz am **Flussufer** verstecken, | als man hinter ihnen her war. | Doch Kapitän Pit | kommt zu dem **Schluss**, | dass sie nicht zu **fassen** sind. |

92 Wörter

Die Schwarze Mamba

Die giftigste Schlange | auf unserer Erde | ist die Schwarze Mamba. | Ein **Biss** von ihr | kann tödlich sein. | Wenn sie sich angegriffen fühlt, | ist sie sehr **aggressiv**. | Wird man von ihr **gebissen**, | **muss** möglichst schnell | ein Gegengift genommen werden. |
Die Schwarze Mamba | **misst** bis zu 4,5 Meter. | Sie **frisst** kleine Nager und Vögel. | Außerdem ist sie eine | der schnellsten Schlangen. | Wenn sie flüchten **muss**, | kann sie eine Geschwindigkeit | von bis zu 20 km/h erreichen. |

76 Wörter

REGEL

Wörter mit ss

Hörst du einen kurzen Vokal (Selbstlaut), schreibe **ss**.

Beispiel

Biss, muss, messen

REGEL

ß oder ss?

Hörst du einen kurzen Vokal (Selbstlaut), schreibe **ss**.

Beispiel

Fluss, Wasser, lassen

Hörst du einen langen Vokal (Selbstlaut), schreibst du **ß**.

Beispiel

Fuß, Spaß

Mit dem Floß unterwegs

Schnell **muss** Katja noch | ihren Rucksack packen. | Heute ist endlich **Schluss** | mit dem langen Warten. | Sie wird mit ihrem Verein | eine **Floßfahrt** machen. | Das **lässt** sie sich | nicht entgehen. | Ihre Mutter steht schon bereit, | sie fährt sie zum **Fluss**. |
Dort angekommen, | **muss** Katja erst einmal | den Anweisungen zuhören. | Sie **passt** gut auf, | damit sie **weiß**, | was zu tun ist. | Dann geht es los. | Am Anfang ist der **Fluss** | noch ruhig. | Doch plötzlich wird | das **Wasser** wilder. | Das **Floß** schwankt stark. | Alle **müssen** sich gut festhalten. | Aber alle kommen | trocken wieder an. |

95 Wörter

Der Wettkampf

Das Sommerfest, | **das** jedes Jahr in der Lilienschule | kurz vor den Sommerferien stattfindet, | startet mit einem Sportfest. | Marlon möchte es dieses Mal | etwas spannender machen | und wettet mit Felix, | **dass** er im Dauerlauf | schneller sein wird. | Felix weiß, | **dass** Marlon | ein besserer Läufer ist. | Aber im Weitwurf | ist er besser. | Deshalb wettet er mit Marlon, | **dass** er fünf Meter | weiter werfen kann. | Nun ist die ganze Klasse | auf den Wettkampf gespannt | und hofft, | **dass das** Wetter hält. |

79 Wörter

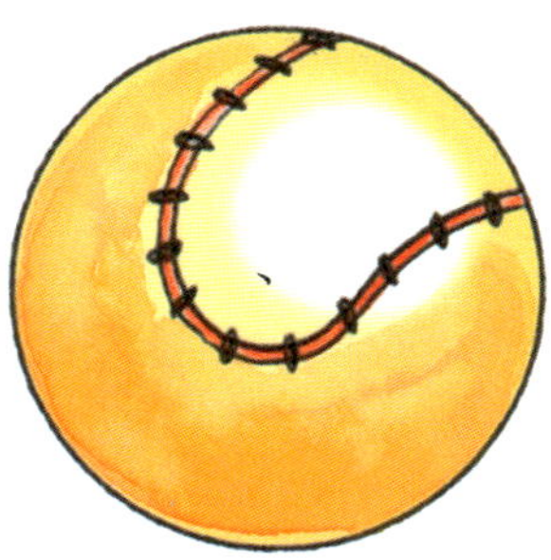

REGEL

das oder dass?

Du schreibst **das** mit **s**, wenn du *dieses/welches/jenes* einsetzen kannst.

Beispiel

Das *(dieses)* Sommerfest, das *(welches)* jedes Jahr stattfindet, startet mit einem Sportfest.

Dass verbindet zwei Sätze miteinander. Schau dir auch die Regel auf Seite 91 an.

Beispiel

Ich wette, dass du Letzter wirst.

REGEL

Wörter mit ie

Die Dehnung mit **ie** kommt im Deutschen häufig vor. Hörst du ein langes **i**, wird meistens **ie** geschrieben.

Beispiel

Tier, fliegen, diese

Die Libelle

Passt man nicht genau auf, | kann man **sie** | schon einmal übersehen. | **Die** Libelle ist das | am schnellsten **fliegende** Insekt. | **Sie** kann bis zu fünfzig | Stundenkilometer **fliegen**. | Durch ihre Flügelpaare | ist **die** Libelle in der Lage | auf der Stelle zu **fliegen**. | Einige Arten können | sogar rückwärts fliegen. | Die **Tiere** leben | in der Nähe von Gewässern. | **Dieses dient** den Larven | als Lebensraum. | Libellen fangen | ihre **Beutetiere** im Flug. | **Sie** fressen alle Insekten, | **die sie** überwältigen können. |

76 Wörter

Riesen an Land

Afrikanische Elefanten | sind die größten **Landsäugetiere** der Welt. | **Sie** werden größer | als drei Meter | und **wiegen** fünf Tonnen. | Einzelne **Tiere** erreichen | eine Größe von **vier** Metern. |
Auffallend sind | beim Afrikanische Elefanten | **die** sehr großen Ohren. | **Diese** können eine Länge | von zwei Metern erlangen. |
Auch **die** Tragzeit | während der Schwangerschaft | ist rekordverdächtig. | **Sie** beträgt | zweiundzwanzig Monate. |
Aufgrund seiner Stoßzähne | ist der Elefant | ein durch den Menschen | bedrohtes **Tier**. |
Immer **wieder** werden | Elefanten getötet, | um das wertvolle Elfenbein | zu bekommen. |

81 Wörter

REGEL

Wörter mit ie

Die Dehnung mit **ie** kommt im Deutschen häufig vor. Hörst du ein langes **i**, wird meistens **ie** geschrieben.

Beispiel

Tier, die, sie, wiegen

REGEL

Wörter mit langem i

Manche Wörter spricht man mit langem **i**, obwohl sie ohne Dehnungs-**h** oder **ie** geschrieben werden. Sie kommen häufig bei Tiernamen, Vornamen oder Fremdwörtern vor.

Merke dir

Biber, Maschine, Familie, Lawine

Die Biber sind los

Seit einigen Jahren | ist der **Biber** | zurück in Deutschland. | Er ist das zweitgrößte | Nagetier der Welt. | Der europäische **Biber** | wird dabei bis zu achtzehn **Kilogramm** schwer. | Mit seinen festen Zähnen | kann er wie eine **Maschine** | ganze Baumstämme durchnagen. | Für seine **Familie** | baut er aus Ästen | und Zweigen einen **Biberbau**. | Dieser ist mit Eingängen versehen, | die nur **direkt** vom Wasser aus | zugänglich sind. | So können Feinde | abgehalten werden. |

71 Wörter

Die Lawine

Zitternd sitzen **Simon** | und seine **Cousine*** **Marina** | vor dem **Kamin**. | Sie waren gerade | unterwegs zum **Skilift**, | da krachte es auf einmal laut. | Als sie nach oben | zum Gipfel schauten, | sahen sie eine **Lawine** | den Berg **hinunterrutschen**. | In wenigen **Minuten** | legte sie viele **Kilometer** zurück. | Zum Glück | war sie weit genug | von der **Skipiste** | entfernt abgegangen. | Trotzdem haben **Marina** | und **Simon** | erst einmal | keine Lust **Ski** zu fahren. | Sie wärmen sich | vor dem **Kamin** auf | und verarbeiten ihren Schreck. |

80 Wörter

* auch: Kusine   1F

Krokodil in Not

Tierarzt Doktor Müller | hat einen dringenden **Termin** | bei **Krokodil Fridolin**. | Er nimmt einige **Medikamente** mit, | denn er weiß noch nicht, | was dem **Reptil** fehlt. | Zum Glück hat **Fridolin** | nur ein entzündetes Auge | und die **Medizin** wirkt schnell. |
Jetzt muss Doktor Müller noch | in der **Igelstation** nachschauen, | ob es den kleinen **Igeln** | gut geht. | Gestern hat er | ihnen **Vitamine** gegeben. |
Am Nachmittag schaut er | nach den **Delfinen**. | **Delfin**-Dame* **Sabine** | hat sich eine Flosse verletzt. | Tierarzt im Zoo zu sein, | findet Doktor Müller | einfach spannend. | Würde **dir** das | auch Spaß machen? |

92 Wörter

REGEL

Wörter mit langem i

Manche Wörter spricht man mit langem **i**, obwohl sie ohne Dehnungs-**h** oder **ie** geschrieben werden. Sie kommen häufig bei Tiernamen, Vornamen oder Fremdwörtern vor.

Merke dir

Krokodil, Reptil, Sabine, Vitamine, Termin, Apfelsine, Maschine

Merke dir auch

dir, mir, wir

* auch: Delfindame

REGEL

Wörter mit ih

In seltenen Fällen wird zur Dehnung des Lautes **i** das **h** eingesetzt.

Merke dir

ihr, ihm, ihnen, ihn

Kribbeln im Bauch

Lars weiß nicht, | was mit **ihm** los ist. | Seit einiger Zeit | kribbelt es bei **ihm** im Bauch, | wenn er Meli anschaut. | Am liebsten wäre er | viel öfter mit **ihr** zusammen. | Aber wenn er sie anschaut, | weiß er nicht, | was er **ihr** sagen soll. |

Lars entschließt sich, | mit Oma Maria darüber zu sprechen. | Sie gibt **ihrem** Enkel den Rat, | Meli zu sagen, | dass er sie mag. | Dann kann Meli entscheiden, | ob **ihr** auch mehr an Lars liegt | und sie in **ihn** verliebt ist. |

85 Wörter

Zahn um Zahn

Schnecken gehören | zu den Weichtieren. | Auf **ihrem** Rücken | tragen sie | **ihr** Haus mit sich. | Darin befinden sich die Organe. | Zur Fortbewegung | **nehmen** sie | den abgeflachten Fuß. | **Sehen** können sie | mit den Augen, | die sich an | den **Fühlern** befinden. | Schneckenarten mit vier **Fühlern** | können sie **einziehen**. | Schnecken haben auf ihrer Zunge | **ungewöhnlich** viele **Zähnchen**. | Es sind bis zu | achthunderttausend Stück. | Mit **ihnen ziehen** sie | **ihre Nahrung** zu sich | und raspeln sie ab. |

74 Wörter

REGEL

Wörter mit Dehnungs-h

Wird ein Vokal (Selbstlaut) lang gesprochen, folgt oft ein **h**.

Beispiel

Sohle, sehen, mehr, gefährlich

REGEL

Wörter mit Dehnungs-h

Wird ein Vokal (Selbstlaut) lang gesprochen, folgt oft ein **h**.

Beispiel

Sohle, sehen, mehr, gefährlich

Ein gefährlicher Räuber

Richtet sich der Eisbär auf, | kann man seine | **wahre** Größe **sehen**. Männchen können | in Einzelfällen | **mehr** als drei Meter | groß werden. | Mit einem Gewicht | von durchschnittlich | fünfhundert Kilogramm | **zählt** der Eisbär | zu den größten Landraubtieren der Welt. | Er ist perfekt | an das Leben im Eis angepasst. | Seine **Sohlen** | sind behaart. | Damit rutscht er | nicht so leicht aus | und es schützt | vor dem **Auskühlen**. |

Eisbären **stehen** | an der Spitze | der **Nahrungskette** der Arktis. | Vor allem für Robben | sind sie **gefährlich**. | Sie sind ihre **Hauptnahrung**. |

86 Wörter

Sie hört alles

Wenn wir Fledermäuse **sehen**, | fallen uns zuerst | die großen **Ohren** | der kleinen Tiere auf. | Fledermäuse gelten | als die Tiere | mit dem besten Gehör. | Sie brauchen es, | um auch nachts | in der Dunkelheit | alles hören zu können. | Sie stoßen | Echo-Laute* aus, | die von Bäumen | oder Gegenständen zurück-**wehen**. | So ermitteln sie ihre **Flugbahn**, | **ohne** gegen Hindernisse zu stoßen. | Tagsüber schlafen sie | in **hohlen** Bäumen | oder in **Höhlen**. | In der Dämmerung | geht die Fledermaus | auf **Nahrungssuche**. | Die meisten Fledermausarten | fressen Insekten und Spinnen. | Einige **nehmen** auch Fleisch | durch kleine Säugetiere | wie Mäuse zu sich. |

94 Wörter

REGEL

Wörter mit Dehnungs-h

Wird ein Vokal (Selbstlaut) lang gesprochen, folgt oft ein **h**.

Beispiel

Ohren, sehen, ohne, Nahrung

* auch: Echolaute

REGEL

Wörter mit aa, ee und oo

Wörter mit **aa**, **ee** und **oo** sind selten. Die doppelten Vokale (Selbstlaute) werden lang gesprochen.

Merke dir

Zoo, Tee, Aal, Meer, Haare, Schnee

Der Ausflug in den Zoo

Tom hat eine **Idee**. | Er möchte am Sonntag | mit seiner Familie | einen Ausflug in den **Zoo** machen. | Besonders interessant | findet Tom die **Seeadler**. | Er freut sich schon | auf den Falkner. | Aber auch die Tiere | im Unterwasserbecken | interessieren ihn. | Einen **Aal** und Forellen | hat er schon einmal gesehen, | aber Tiere aus dem **Meer** noch nicht. | Auf dem **See** im **Zoo** | kann man sogar | **Tretboot** fahren. | Auch auf das Picknick | mit Obst und **Tee** | freut sich Tom schon. |

81 Wörter

Das Tier mit dem dichtesten Fell

Der **Seeotter** gehört | zu den beiden Otterarten, | die nur im **Meer** leben. | Er hat als einziges | im **Meer** lebendes Tier | keine schützende Fettschicht. | Deswegen wachsen | auf nur einem Quadratzentimeter | etwa hundert-tausend **Haare**. | Er ist damit das Tier | mit dem dichtesten Fell. | Die gleiche Menge an **Haaren** | hat ein Mensch | auf seinem ganzen Kopf. | Um sich zusätzlich | vor **Schnee** und Kälte | zu schützen | und nicht bis auf die Haut | nass zu werden, | bläst er immer wieder | Luftbläschen zwischen seine **Haare**. |

84 Wörter

Die Feen im Garten

Jana und ihre Oma Lina | sitzen an dem kleinen **See** | und schauen sich das **Blumenmeer** | in Oma Linas Garten an. | Oma Lina hat Jana | früher oft erzählt, | dass **Feen** für die Blüten sorgen. | Heute weiß sie, | dass Bienen die Blüten bestäuben | und somit die guten **Feen** | des Gartens sind. | Heute sieht Jana Bienen | auf dem Löwenzahn, | beim Apfelbaum | und an den **Kleeblüten**. | Ohne sie würden viele Blüten | nicht befruchtet werden. | Dann hätten wir Menschen | zum Beispiel keine Äpfel. | Das wäre schade, | weil Jana das **Apfelgelee** | ihrer Oma viel zu gerne isst. |

95 Wörter

REGEL

Wörter mit aa, ee und oo

Wörter mit **aa**, **ee** und **oo** sind selten. Die doppelten Vokale (Selbstlaute) werden lang gesprochen.

Merke dir

Fee, Klee, Gelee

REGEL

Doppelte Konsonanten (Mitlaute)

Hörst du in einem Wort einen kurzen Vokal (Selbstlaut), folgen zwei Konsonanten (Mitlaute).

Beispiel

schnell denn können

Wird ein Wort mit einem doppelten Konsonanten (Mitlaut) geschrieben, werden auch alle verwandten Wörter mit doppeltem Mitlaut geschrieben.

Beispiel

rennen – gerannt – Rennpferd

Der Gepard – schnell wie der Wind

Das **schnellste** Tier der Welt | ist der Gepard. | Auf kurzen Strecken | **schafft** es diese Raubkatze | hundert Stundenkilometer | zu erreichen. | Dabei helfen | die langen **Krallen**, | die der Gepard | **dann** beim **Rennen** | in den Boden **stemmt**. | Er **kann** so | in drei Sekunden | von **null** auf hundert Kilometer | pro Stunde beschleunigen. |
Auf der Jagd nach Beute | **muss** er **schnell** Erfolg haben. | **Denn** diese hohen Geschwindigkeiten | **können** Geparden nur | über eine kurze **Zeitspanne** halten. |

76 Wörter

Puppen sind nur was für Mädchen

Konrad lacht laut, | als Simon durch die **Klasse** ruft, | dass **Puppen** nur etwas für Mädchen seien. | Simon hat ja keine Ahnung. | In der **Mitte** seines Tisches | liegt die **Puppe** | eines **Schmetterlings**. | Güner* hat sie im Garten | mit seiner **Mutter** gefunden | und will sie nun | seiner **Klasse** zeigen. | Er erklärt **allen**, | dass **Schmetterlinge** zunächst | als Raupe | aus den gelegten Eiern schlüpfen. | **Wenn** die Raupe erwachsen ist, | **verpuppt** sie sich. | Das heißt, | sie wickelt sich in eine Haut, | die **dann** an **Blättern** hängt. | Nach einigen Wochen | schlüpft daraus | der fertige **Schmetterling**. |

95 Wörter

REGEL

Doppelte Konsonanten (Mitlaute)

Hörst du in einem Wort einen kurzen Vokal (Selbstlaut), folgen zwei Konsonanten (Mitlaute).

Beispiel

Puppe Blatt

Schmetterling

Wird ein Wort mit einem doppelten Konsonanten (Mitlaut) geschrieben, werden auch alle verwandten Wörter mit doppeltem Mitlaut geschrieben.

Beispiel

Puppe – verpuppen

* Namen von Tieren und Menschen können unterschiedlich geschrieben werden. Bist du dir unsicher, schau im Wörterbuch nach.

REGEL

Doppelte Konsonanten (Mitlaute)

Hörst du in einem Wort einen kurzen Vokal (Selbstlaut), folgen zwei Konsonanten (Mitlaute).

Beispiel

schwimmen

kommen

hoffen

Wird ein Wort mit einem doppelten Konsonanten (Mitlaut) geschrieben, werden auch alle verwandten Wörter mit doppeltem Mitlaut geschrieben.

Beispiel

schwimmen – Schwimmbad – geschwommen

Der blaue Blitz

Einer der **schnellsten Schwimmer** | unserer Meere ist der Blaue Marlin. | Er **schafft** Geschwindigkeiten | bis zu einhundert Stundenkilometern. | Er lebt im **offenen** Meer | und **kommt** nur selten | in die Nähe der Küste. | Der Blaue Marlin | gehört zu den Schwertfischen | und ernährt sich | von kleineren Fischen. | Ausgewachsene Tiere | erreichen ein Gewicht | von über fünfhundert **Kilogramm**. |
Viele Fischer **hoffen** | einmal einen Blauen Marlin | fangen zu **können**. | Wenn die Fische an der Leine hängen, | versuchen sie sich | durch hohe Sprünge | aus dem **Wasser** zu **retten**. |

84 Wörter

In der Kältestarre

Alle wechselwarmen Tiere | **fallen** in eine **Kältestarre**, | wenn es ihnen zu kalt wird. | Die Körpertemperatur ist **dann** | der Außentemperatur **angepasst**. | Der Herzschlag verringert sich. | So **harren** die Tiere aus, | bis die Temperatur wieder ansteigt. | Zu den Tieren, | die im Winter | in eine **Starre** **fallen**, | gehören zum Beispiel | Schlangen oder Frösche. | Bei höheren Temperaturen | **können** sie sich | **dann** wieder bewegen. | Während der **Starre** | wird keine Nahrung **aufgenommen**. | Aus diesem Grund | sind die Tiere | danach sehr **dürr**. |

78 Wörter

REGEL

Doppelte Konsonanten (Mitlaute)

Hörst du in einem Wort einen kurzen Vokal (Selbstlaut), folgen zwei Konsonanten (Mitlaute).

Beispiel

Starre harren dürr

Wird ein Wort mit einem doppelten Konsonanten (Mitlaut) geschrieben, werden auch alle verwandten Wörter mit doppeltem Mitlaut geschrieben.

Beispiel

ausharren – verharren – verharrt

REGEL

Wörter mit lz, rz und nz

Nach den Buchstaben **l**, **r** und **n** steht immer nur ein **z**, nie ein **tz**.

Beispiel

Stolz, Glanz, kurz, Holz

Er platzt fast vor Stolz

Der Pfau steht häufig | für **Stolz** und Eitelkeit. | Der Grund dafür | ist sein auffälliges **Balzverhalten**. | Vor der Paarung | **stolziert** das Pfauenmännchen | vor dem Weibchen auf und ab. | Dabei **glänzt** er | mit einem Rad | aus seinen bunten **Schwanzfedern**. | Das Rad dient aber auch | der Abschreckung von Feinden. | Die **glänzenden** Federn | zeigen Muster, |die Augen von größeren Tieren ähneln. | Pfauenweibchen sind nicht so auffällig. | Ihr **Schwanz** ist sehr viel **kürzer**. |

73 Wörter

Das Baumhaus

Heute will Timo | endlich anfangen | sein Baumhaus zu bauen. | Zuerst sammelt er | genug **Holz**. | Er findet auch eine tolle **Wurzel**. | Die will er später |als Tisch benutzen. | Am Abend ist er **stolz**, | wie viel er schon gebaut hat. | Seine Arme **schmerzen** | von den schweren Ästen. | Er muss morgen | eine Säge mitbringen. | Einige Äste muss er **kürzen**, | damit sie passen. | Er bekommt **glänzende** Augen, | wenn er an sein | fertiges Baumhaus denkt. |

72 Wörter

Ein Herz aus Gold

Zwerg **Heinz** läuft | durch das dichte **Unterholz**. | Er ist auf der Suche | nach einer **Heilpflanze**. | Seine kleine Tochter Erna ist krank. | Sie hat große **Schmerzen** | und benötigt **ganz** dringend | einen Heiltrunk. | Doch bis jetzt | hat er nur **Pilze** gefunden. | Auf einmal meldet sich | seine **Warze** auf der Nase. | Sie funktioniert wie ein Radar, | mit ihr kann er | im Wald alles finden. | Unter der großen Eiche | steht die blaue **Pflanze**. | Schnell gräbt er sie aus. | Aus der **Wurzel** | braut er zu Hause | den heilenden Trank. | Nach drei Tagen | geht es Erna besser. | Bald wird sie | wieder **tanzen** können. |

101 Wörter

REGEL

Wörter mit lz, rz und nz

Nach den Buchstaben **l**, **r** und **n** steht immer nur ein **z**, nie ein **tz**.

Beispiel

Herz, Pilz, Pflanze, Wurzel

REGEL

Wörter mit nt

Sprich beim Schreiben immer leise mit, dann hörst du jeden einzelnen Laut.

Beispiel

Winter, Ente, bunt, unter, Kante, bunt, warnt

* auch: Kusine

Der Künstler

Noch ein Strich, | dann ist das Bild fertig. | Ferdi malt am liebsten | **bunte** Bilder mit Ecken und **Kanten**. | Er will später | einmal Künstler werden. | Mama **warnt** ihn immer, | dass man damit | kein Geld verdienen kann. | Seine Lehrerin Frau Herold | ist aber von seinem **Talent** überzeugt. | In der Schule | durfte er seine Bilder | schon ausstellen. | Er **plant** seine Cousine* zu fragen, | ob er in ihrem Büro | Bilder aufhängen darf. | Vielleicht **lohnt** es sich | und jemandem gefallen seine Bilder. |

79 Wörter

Kopf ins Wasser

Enten gehören | zu den bekanntesten Wasservögeln. | Die Männchen, | genannt Erpel, | haben ein **buntes** Gefieder. | Die Weibchen haben | solche **Akzente** nicht, | ihr Gefieder ist **dezenter**. | Dies dient der Tarnung. | Ihre Nahrung suchen **Enten** | **unter** der Wasseroberfläche. | Dabei tauchen sie | ihren Kopf nach **unten** ins Wasser | und strecken ihren Schwanz nach oben. | Diese Nahrungssuche | nennt man gründeln. | **Enten** aus Südeuropa | sind Standvögel. | Sie bleiben im **Winter** | an ihrem Standort. |

70 Wörter

Das Konzert

Am liebsten würde Anja | schon in der Festhalle sein. | Doch sie muss noch | auf ihre Freundinnen warten. | Zu **neunt** haben sie **geplant** | auf ein Konzert | ihres Lieblingssängers zu gehen. | Sie haben sich | im **Stadtzentrum** verabredet. | Anjas Mutter **meint**, | dass er kein **Talent** besitzt. | Sie hat die Mädchen | davor **gewarnt** | ihr Geld für das Konzert auszugeben. | Aber sie hat einfach keine Ahnung. |
Endlich kommen die anderen um die Ecke. | Vor Aufregung legen sie | einen **Sprint** hin. | Jetzt geht es los. | Alle sind sich sicher, | dass sich die Geldausgabe **lohnt**. |

90 Wörter

REGEL

Wörter mit nt

Sprich beim Schreiben immer leise mit, dann hörst du jeden einzelnen Laut.

Beispiel

Zentrum, Sprint, Talent

REGEL

Wörter mit tsch

Sprich beim Schreiben deutlich mit, dann hörst du jeden Laut.

Beispiel

Matsch, deutsch, klat-schen

Der Sprung ins Glück

Nele sitzt auf Hella, ihrer Stute. | Sie nimmt bei den **deutschen** Meisterschaften | im Vielseitigkeitsreiten teil. | Ihre **Peitsche** musste sie | bis jetzt nicht einsetzen. |
Gerade wird sie aufgerufen | und die Zuschauer **klatschen**. | Nele startet ihren Geländeritt. | Hoffentlich landet sie nicht im **Matsch**, | sonst ist die Meisterschaft **futsch**. | Vor dem ersten Hindernis | kommt Hella ins **Rutschen**. | Aber alles geht gut. | Als Letztes muss ein Baumstamm | übersprungen werden. | Der Sprung gelingt, | Nele gewinnt und ist **deutsche** Meisterin. |

78 Wörter

Levin sitzt in der Patsche

Gestern war noch alles wunderbar. | Levin war sich sicher, | dass das Wetter schön wird. | Jetzt **plätschert** überall Wasser | in sein Zelt hinein. | Der Flohmarkt fällt nun aus. | Aber Levin braucht das Geld. | Er hat die Kamera | seiner Mutter fallen lassen. | Nun muss er eine neue kaufen. |
Da **quetscht** sich auch noch Mirko | durch den Eingang. | Er **rutscht** dabei fast im **Matsch** aus. | Der hat Levin gerade noch gefehlt. | Doch Mirko schaut sich nur um. | Er will tatsächlich das **kitschige** Poster kaufen. | Levin ist froh, | vielleicht bekommt er doch noch | ein wenig Geld zusammen. |

98 Wörter

REGEL

Wörter mit tsch

Sprich beim Schreiben deutlich mit, dann hörst du jeden Laut.

Beispiel

Matsch, rutschen, kitschig

REGEL

Wörter mit tz

Hörst du den Laut **ts**, schreibst du meist **tz.**

Beispiel

Schmutz, Sitz, schützen, benutzen, Platz

Die Schmutzpolizei

Damit die Fische im Meer | nicht zu sehr **verschmutzen**, | gibt es eine **Schmutzpolizei**. | **Putzerfische** haben einen festen **Sitz**, | an dem sie auf andere Fische warten | und ihnen **Putzdienste** anbieten. | Sie können dabei | im Maul großer Fische | ein- und ausschwimmen | und werden nicht gefressen. | Geduldig warten die Tiere | an der **Putzstation**, | bis sie an der Reihe sind. | Dann gehen die **Putzerfische** an die Arbeit. | Sie reinigen jede **Ritze** von **Schmutz** | und **schützen** so die Tiere des Meeres | auch vor Krankheiten. |

82 Wörter

Meister Petz

Eines der größten | an Land lebenden Raubtiere | ist der Bär. | Seine großen **Tatzen** | und sein Gebiss **benutzt** er, | um seine Beute zu fangen. | Früher galt er als Gefahr | für den Menschen. | Deshalb wurden Bären gejagt | und sind heute in vielen Ländern | vom Aussterben bedroht | oder ganz ausgerottet. | Als **putziges** Stofftier | fand er jedoch einen **Platz** | in vielen Kinderzimmern. | In Geschichten wird er als Meister **Petz** bezeichnet | und als eher | tollpatschig dargestellt. |

73 Wörter

Tinka ohne Glück

Linda beobachtet ihre **Katze** Tinka gerne. | Bei der **Hitze** heute | **sitzt** Tinka im Schatten unter der Weide. | Sie **putzt** sich ihr Fell | und schnurrt vor sich hin. |
Plötzlich zuckt ihr Schwanz. | Sie hat eine Maus gesehen. | Tinka legt sich auf die Lauer. | Mit einem **Satz** springt sie los | und **hetzt** der Maus hinterher. | Sie **benutzt** ihren Schwanz zur Steuerung. | Doch heute ist die Maus schneller. | Und Tinka hat genug vom **Schwitzen**. | Sie legt sich lieber wieder | in den Schatten. |

82 Wörter

REGEL

Wörter mit tz

Hörst du den Laut **ts**, schreibst du meist **tz.**

Beispiel

Katze, Hitze, schwitzen, plötzlich

REGEL

Wörter mit pf

Höre dir das Wort genau an, ob du **f** oder **pf** schreibst.

Beispiel

Pfad, Strumpf, Pfütze

Nackte Füße

Im Nachbardorf hat letzte Woche | ein **Barfußpfad** eröffnet. | Dieses Wochenende möchte Gitta | den **Pfad** ausprobieren. | Zusammen mit zwei Freundinnen | trifft sie sich am Startplatz. | Die drei Mädchen | ziehen ihre Schuhe und **Strümpfe** aus, | dann **hüpfen** sie los. | Zuerst läuft man über warmen Sand. | Das fühlt sich gut an. | Als sie zu den Steinen kommen, | kann Gitta nicht darübergehen. | Die Steine sind zu spitz. | Ihre Freundinnen lachen | und helfen ihr über die Steine. | Am witzigsten ist die **Schlammpfütze**. | Der Schlamm glitscht zwischen den Zehen. |

85 Wörter

Diebstahl in der Schule

Als Julian am Montag | in die Schule gehen möchte, | kommt er nicht in das Gebäude hinein. | Die Polizei hat die Schule abgesperrt. | Nun **stehen** alle Schüler auf der **Straße** | und **starren** zum Eingang. | Ein Kind erzählt, | dass in die Schule eingebrochen wurde | und mehrere Computer **gestohlen** wurden. | Jetzt muss die Polizei | erst die Spuren sichern, | bevor alle in die Schule hinein dürfen. | **Statt** zu warten, | läuft Julian um die Schule herum. | Dort findet er auf der obersten **Stufe** | der Kellertreppe einen Fußabdruck. | **Stolz** berichtet er | der Polizei von seinem Fund. |

94 Wörter

REGEL

Wörter mit st

Hörst du den Laut **scht**, schreibst du am Wortanfang und bei zusammengesetzten Wörtern **st**.

Beispiel

Diebstahl, Stufe, stehen, statt

REGEL

Wörter mit st

Hörst du den Laut **scht**, schreibst du am Wortanfang und bei zusammengesetzten Wörtern **st**.

Beispiel

Stier, staunen, Stall, stark, Stern, Gegenstand

Der Stier

Bernd wohnt auf einem Bauernhof. | Am liebsten ist er | mit seinem Vater im **Stall**. | Eines seiner Lieblingstiere | ist der **Stier** Tomaso. | Mit seinen langen Hörnern | ist er der auffälligste **Stier** auf dem Hof. | **Staunend steht** Bernd | oft vor dem **Stall** | und bewundert das **starke** Tier. | Wenn Bernd nah genug **steht**, | **stupst** Tomaso ihn manchmal mit der Nase. | Dann kommt Bernd ins **Straucheln**, | weil der **Stier** so **stark** ist. | Später möchte Bernd auch Landwirt werden. | Dann will er **Stiere** züchten. |

81 Wörter

Die Sternenwanderung

Die Pfadfindergruppe von Thomas | ist im Zeltlager. | Als es dunkel wird, | gehen sie auf eine **Sternenwanderung**. | Auf der großen Wiese | bleiben sie **stehen**. | Eine Betreuerin erklärt den Kindern die **Sternbilder**. | Alle **staunen**, | als sie erklärt, | dass man sich mit Hilfe der **Sterne** | orientieren kann. | Die **Sternbilder** sind nach Figuren, | Tieren oder **Gegenständen** benannt. | Es gibt den **Stier**, | die Waage oder den **Steinbock**. | Am bekanntesten sind | der große und der kleine Wagen. |

72 Wörter

Traumberuf Designerin

Julia ist sich sicher, | sie will später **schicke** Kleider nähen | und **Röcke** entwerfen. | Dafür übt sie schon heute. | Sie verschönert **Jacken** | und Hosen mit **Flicken**. | Sie **strickt** lange Schals | und **dicke** Mützen. | Mit ihren Entwürfen | und eigenen Ideen | muss sie sich nicht **verstecken**. | Viele Freundinnen wollen ihre Sachen haben | und **schicken** ihr Briefe mit Wünschen. | Als Nächstes will sie | eine eigene **Jacke** entwerfen. | Julia ist **überglücklich**, | weil sie ihren Traumberuf | schon gefunden hat. |

75 Wörter

REGEL

Wörter mit ck

Nach kurz gesprochenem Selbstlaut steht **ck**. Beachte: Der Laut **ck** wird nie getrennt.

Beispiel

stri-cken, glück-lich

REGEL

Wörter mit ck

Nach kurz gesprochenem Selbstlaut steht **ck**. Beachte: Der Laut **ck** wird nie getrennt.

Beispiel

Zu-cker, Spu-cke

Das Lama

Die Klasse 3b ist heute | mit ihrer Klassenlehrerin Frau **Stock** | in den Zoo gefahren. | Alle Kinder sind gespannt | auf die exotischen Tiere. | Jan will versuchen die Lamas | mit **Zucker** zu füttern. | Im Lamagehege ist jedoch | kein Tier zu sehen. | Doch dann bewegt sich etwas | hinter der **Hecke**. |

Vor **Schreck** kann sich Jan | nicht von der Stelle bewegen. | Und schon landet die **Spucke** | direkt in seinem Gesicht. | Jan **zuckt** zusammen | und **spuckt** dann **zurück**. | Aber das Lama | scheint nicht sehr **beeindruckt**. |

82 Wörter

Die Bäckerin

Wie jedes Jahr will Melanie | ihrer Oma zum Geburtstag | einen Kuchen **backen**. | Zuerst **checkt** sie, | ob sie alle Zutaten hat. | **Zucker** und Mehl sind da. | Auch Butter und Obst, | aber zu Melanies **Schreck** fehlen Eier. | Schnell zieht sie die **Jacke** an | und besorgt Eier. | Sie nimmt auch noch | eine **Packung** Zimt mit. |
Zu Hause fängt sie **geschickt** an | alle Zutaten zu verrühren. Melanie hofft, | dass ihrer Oma der Kuchen **schmeckt**. | Für ihre Eltern **backt** sie | noch einige **Zimtschnecken**.

80 Wörter

REGEL

Wörter mit ck

Nach kurz gesprochenem Selbstlaut steht **ck**. Beachte: Der Laut **ck** wird nie getrennt.

Beispiel

Schne-cke, Pa-ckung, ba-cken

REGEL

Wörter mit ng

Beim Laut **ng** befindet sich der hintere Teil deiner Zunge am Gaumen. Sprich beim Schreiben deutlich mit, damit du **ng** erkennst.

Beispiel

Schwung, lang, Schlange, bringen, Nahrung

Lange Schlange

Der Netzpython zählt | zur Familie der **Riesenschlangen**. | Er ist eine | der **längsten Schlangen** der Welt. | Die Weibchen **bringen** es | auf eine **Länge** von bis zu sechs Metern | und ein Gewicht | von bis zu fünfundsiebzig Kilogramm. | Die Männchen sind kleiner. | Sie werden etwa vier Meter **lang**. | Die **Nahrung** des Netzpythons | ist **abhängig** von seiner Größe. | Kleinere **Schlangen** | **fangen** vor allem Ratten. | Größere Tiere ernähren sich | von Affen oder auch von Stachelschweinen. |

72 Wörter

Vögel, die nicht fliegen können

Pinguine gehören zur Familie der Vögel. | Sie können jedoch nicht fliegen. | Dafür sind sie aber sehr gut | an das Leben im Wasser angepasst. | Ihre **Schwingen** sind zu Flossen umgebildet, | damit sie gut schwimmen können. | Um aus dem Wasser **springen** zu können, | benötigen sie sehr viel **Schwung**. | So können sie mit einem **Sprung** | fast zwei Meter Höhe überwinden. | **Kaiserpinguine** zeigen | enorme **Leistungen** beim Tauchen. | Sie können bis zu | achtzehn Minuten **lang** dauernde | **Tauchgänge** durchführen. |

78 Wörter

Flinke Finger

Nachdem der Zirkus | in ihrer Schule zu Gast war, | **fing** Marie an zu **jonglieren**. | Zuerst begann sie mit **Schwungtüchern**. | Aber schon bald wollte sie mehr. | Als sie mit Bällen **jonglierte**, | fiel es ihr am **Anfang** schwer, | die Bälle rechtzeitig zu **fangen**. | Aber nach einiger **Anstrengung** | und viel **Übung gelang** es ihr | mit drei Bällen zu **jonglieren**. | Nun kann sie die **Menge** an Bällen | bereits abändern und **fängt** sie | trotzdem sicher auf. | Jetzt **denkt** Marie darüber nach, | ihrem **Onkel** zu zeigen, | wie **lange** sie die Bälle | schon in der Luft halten kann. |

93 Wörter

REGEL

ng oder nk?

Wenn du nicht weißt, ob du **ng** oder **nk** schreiben musst, verlängere das Wort.

Beispiel

fängt – fangen, denkt – denken

REGEL

Wörter mit -ig und -ich

Hörst du am Wortende **-ich**, dann verlängere das Wort. So kannst du hören, ob du **-ig** oder **-ich** schreiben musst. Hörst du ein **-l**, schreibst du meist **-lich**.

Beispiel

lustig → lustige
pünktlich → pünktliche

Im Zirkus

Fröhlich wartet Pauline auf ihre Oma. | Sie wollen heute in den Zirkus gehen. | **Hoffentlich** ist Oma **pünktlich**, | damit sie **rechtzeitig** dort sind. | Besonders **lustig** werden **wahrscheinlich** | die Clowns sein. | Und besonders **mutig** müssen | die Dompteure sein. | Die Tiger und Löwen |sehen immer so **hungrig** aus, | das kann **gefährlich** werden. | Pauline wäre viel zu **ängstlich**, | um in den **Käfig** zu gehen. | **Richtig** spannend sind die Tricks der Zauberer. | Pauline ist **ehrlich** und gesteht, | dass sie die Tricks | noch nie verstanden hat. |

80 Wörter

Großes Glück für Bello

Friedlich liegt Bello | in seinem Korb und schläft. | Nur der Verband zeigt noch **deutlich**, | was heute beim Spaziergang passiert ist. | Timo war mit Bello im Park, | als **plötzlich** ein schwarzer Hund | auf Bello zuraste. | **Ängstlich** drückte Bello sich auf den Boden. | Aber es war zu spät, | der andere Hund biss sich | in Bellos rechter Pfote fest. | Es war **schrecklich**. | Erst mit zwei anderen Helfern | konnte Timo Bello retten | und zum Tierarzt bringen.

76 Wörter

Die Kreuzspinne

Die Kreuzspinne ist eine Spinnenart, | die weltweit vorkommt. | Sie ist **deutlich** an dem Kreuz | auf ihrem Hinterleib zu erkennen. | **Häufig** wird behauptet, | dass die Kreuzspinne **giftig** sei. | **Wirklich gefährlich** ist sie jedoch | nur für ihre Beute. | **Hungrig** beißt sie ihre Beute, | dabei dient das Gift | der Vorverdauung ihres Fangs. | Dem Menschen macht das Gift **wenig** aus. | Ein Biss fühlt sich **ähnlich** an | wie ein Wespenstich | und führt maximal zu einem Juckreiz. |
Die Kreuzspinne ist, | wie jede Spinne, | **nützlich** für die Natur. | Sie gehört zu den **natürlichen** Feinden der Insekten | und kann so vor Schädlingen schützen. |

97 Wörter

REGEL

Wörter mit -ig und -ich

Hörst du am Wortende **-ich**, dann verlängere das Wort. So kannst du hören, ob du **-ig** oder **-ich** schreiben musst. Hörst du ein **-l**, schreibst du meist **-lich**

Beispiel

giftig → giftige
natürlich → natürliche

REGEL

Vorsilbe ver- und vor-

Hörst du beim Sprechen ein **f**, schreibst du meist ein **F/f**, nur manchmal ein **V/v**.
Die Vorsilben *ver-* und *vor-* werden mit **V/v** geschrieben.

Beispiel

Vorhang, vorlesen, verdienen, Vorsicht, versuchen, vorher

Der Vorhang fällt

Kerstin und Maja träumen | davon auf der Bühne zu stehen. | Ihr größter Wunsch ist es | Theaterstücke **vorzuspielen**. | Deswegen haben sie für das Schulfest | ein kleines Stück geschrieben | und stehen nun aufgeregt | hinter dem **Vorhang**. | Gerade hören sie, | wie Herr Maier ihre Namen **vorliest**. | Zum Glück hat niemand **vorher** verraten, | dass sie etwas **vorspielen** wollen. | Endlich hebt sich der **Vorhang**. | Maja beginnt und schon bald | biegen sich alle vor Lachen. | Beide haben den stürmischen Beifall | am Ende **verdient**. |

80 Wörter

Mit Gummistiefeln und Lupe

Die Klasse 3b ist heute am Bach. | Die Kinder tragen | **vorsichtshalber** ihre Gummistiefel. | Lea schöpft gerade **vorsichtig** | etwas Wasser aus dem Bach. | Stefanie nimmt ihre Lupe | und **versucht** etwas zu erkennen. | Tatsächlich schwimmen viele | kleine Tierchen in dem Wasser. | Die hat man **vorher** | gar nicht gesehen. | Mit dem Bestimmungsbuch **versuchen** sie nun | die Namen der Tiere zu finden. | Herr Bauer erklärt, | dass man an den Tierchen | die Qualität des Wassers ablesen kann. |

76 Wörter

Die Verschwörung

Alina war sich ganz sicher. | Ihre besten Freundinnen Eva und Alex | hatten sich gegen sie **verschworen**. | Eigentlich hatten sie sich heute **verabredet**, | doch beide waren nicht | zum Treffpunkt gekommen. |
Wütend war Alina nun | auf dem Weg nach Hause. | In einer **Vertiefung** sah sie vor sich | auf einmal etwas glitzern. | Als sie sich **vorbeugte**, | bekam sie einen Stoß von hinten. | Sie konnte sich gerade noch abfangen. | Da hörte sie ein lautes Lachen. | Eva und Alex hatten sich | hinter der großen Tanne **versteckt** | und hatten ihr aufgelauert. | Alina war **verärgert**, | aber musste dann doch mitlachen. |

95 Wörter

REGEL

Vorsilbe ver- und vor-

Hörst du beim Sprechen ein **f**, schreibst du meist ein **F/f**, nur manchmal ein **V/v**.
Die Vorsilben ***ver-*** und ***vor-*** werden mit **V/v** geschrieben.

Beispiel

Vertiefung, verschworen, versteckt

REGEL

Substantivierte Verben

Die Grundform der Verben (Tunwörter) kann als Substantiv (Namenwort) verwendet werden. Dann wird das Wort großgeschrieben. Bist du dir beim Schreiben unsicher, probiere aus, ob du im Satz *das* oder *beim/bei dem* vor das Verb setzen kannst.

Beispiel

Beim Schreiben, beim Üben, das Verhalten, das Beurteilen

Termin in der Schule

Simons Eltern haben heute | einen Termin bei seinem Lehrer. | Herr Stein möchte mit den Eltern | über das **Schreiben** und **Rechnen** | von Simon sprechen. |
Herr Stein erklärt den Eltern, | dass Simon Probleme beim **Schreiben** habe. | Besonders das richtige **Schreiben** von Verben | würde ihm noch schwerfallen. | Dabei mache er noch viele Fehler. | Beim **Rechnen** und **Malen** | wäre er jedoch bei den Besten der Klasse. |
Herr Stein gibt den Eltern einige Tipps, | wie sie Simon beim **Üben** helfen können. |

80 Wörter

Feuerwehrübung

Helfen ist die oberste Regel der Feuerwehr. | Um bei jedem Einsatz | gut vorbereitet zu sein | und Leben retten zu können, | ist das wöchentliche **Üben** eine Voraussetzung. | Heute übt die Jugendfeuerwehr | das **Retten** aus einem Auto. | Die Kinder bekommen das richtige **Beurteilen** | einer Unfallsituation erklärt. | Sie müssen erkennen können, | ob sie die Person bewegen dürfen oder nicht. | Auch das richtige **Greifen** der Arme und Beine | einer Person in Not wird eingeübt. | Am Ende der Übung | sind sich die Kinder der Jugendfeuerwehr sicher, | dass sie das richtige **Verhalten** nun kennen. |

89 Wörter

REGEL

Substantivierte Verben

Die Grundform der Verben (Tunwörter) kann als Substantiv (Namenwort) verwendet werden. Dann wird das Wort großgeschrieben. Bist du dir beim Schreiben unsicher, probiere aus, ob du im Satz ***das*** oder ***beim/bei dem*** vor das Verb setzen kannst.

Beispiel

das Üben, das Verhalten, das Beurteilen

REGEL

Substantivierte Adjektive

Adjektive (Eigenschafts-wörter) können als Substantiv (Namenwort) verwendet werden. Dann schreibst du sie groß. Bist du dir beim Schreiben unsicher, probiere aus, ob du im Satz *der, die, das* vor das Adjektiv setzen kannst.

Beispiel

der Neue, das Fremde, das Große

* Namen von Tieren und Menschen können unterschiedlich geschrieben werden. Bist du dir unsicher, schau im Wörterbuch nach.

Der Neue in der Klasse

Silas* ist mit seinen Eltern | in den Sommerferien umgezogen. | Nun ist er mal wieder der **Neue** in der Klasse. | Das Gefühl kennt er leider schon. | Sein Vater muss beruflich oft | in eine andere Stadt wechseln. | Silas mag es nicht, | immer wieder der **Fremde** zu sein. | Immer muss er sich wieder neu eingewöhnen. | Hat er dann endlich Freunde gefunden, | ziehen sie häufig schon wieder um. | Sein Vater sagt dann oft, | dass er an etwas **Großem** arbeitet | und nichts **Halbes** machen möchte. | Aber das ist Silas eigentlich egal. | Er möchte einfach mal | nicht mehr der **Fremde** sein. |

100 Wörter

Meine kleine Schwester

Heute ist es so weit. | Mama ist ins Krankenhaus gekommen. | Endlich wird meine kleine Schwester | auf die Welt kommen. | Ich freue mich schon so auf die **Kleine**. | Bis jetzt war ich immer alleine | und jetzt werde ich der **Große** sein. | Darauf freue ich mich am meisten. | Sonst habe ich immer nur | „Na, **Kleiner**!“ gehört. | Das hat jetzt ein Ende. | Nun müssen wir unsere Wohnung sicher machen. | Alles **Spitze** und **Gefährliche** muss abgedeckt | oder entfernt werden, | damit sich die **Kleine** nicht verletzen kann.

85 Wörter

REGEL

Substantivierte Adjektive

Adjektive (Eigenschaftswörter) können als Substantiv (Namenwort) verwendet werden. Dann schreibst du sie groß. Bist du dir beim Schreiben unsicher, probiere aus, ob du im Satz *der, die, das* vor das Adjektiv setzen kannst.

Beispiel

die Kleine, der Große

REGEL

Zusammengesetzte Substantive

Zwei Substantive (Namenwörter) können zu einem Substantive zusammengesetzt werden. Damit werden Dinge genauer bezeichnet.

Beispiel

der Körper + die Größe = die Körpergröße

Die Ritterzeit

Das **Mittelalter** war die Zeit der Ritter. | In großen **Burganlagen** | wurde gelebt und gearbeitet. | Die Untertanen mussten für den **Burgherrn** arbeiten | und ihm Teile ihres **Ernteertrages** abgeben. | Die Ritter mussten für ihn | auf **Kreuzzüge** gehen | oder in den Krieg ziehen. | Außerdem mussten sie in seinem Namen | bei großen **Ritterturnieren** teilnehmen. | Frauen hatten während der **Ritterzeit** kaum Rechte. | Sie waren für die Erziehung der Kinder zuständig | und führten **Handarbeiten** aus. |

71 Wörter

Klein, aber oho

Aufgrund seiner **Körpergröße** | kann man den **Pfeiffrosch** schnell übersehen. | Er wird nur ungefähr | drei bis vier Zentimeter groß. | Seine sehr lauten **Pfeifrufe** | sind jedoch sehr weit zu hören. | Aus diesem Grund | gehört der **Pfeiffrosch** | zu den lautesten **Froscharten** der Erde. | Ungewöhnlich ist auch seine **Eiablage**. | Er legt seinen Laich nicht | wie andere Frösche im Wasser ab. | Er legt sie in ein selbst gebildetes **Schaumnest** | und bewacht das **Eiergelege** vor Feinden. |

73 Wörter

Unser Sonnensystem

Unser **Sonnensystem** besteht aus acht Planeten. | Es handelt sich um Merkur, | Venus, Erde, Mars, Jupiter, | Saturn, Uranus und Neptun. | Sie befinden sich jeweils | auf einer **Umlaufbahn** um die Sonne. | Außerdem umkreisen die Sonne | noch viele **Zwergplaneten** und andere **Himmelskörper**, | wie Kometen oder Asteroiden. |
Um sich die **Reihenfolge** | der Planeten in unserem **Sonnensystem** | merken zu können, | gibt es verschiedene Merksätze als **Eselsbrücken**. | Zum Beispiel: | Mein Vater erklärt mir | jeden Sonntag unseren Nachthimmel.* |

95 Wörter

REGEL

Zusammengesetzte Substantive

Zwei Substantive (Namenwörter) können zu einem Substantive zusammengesetzt werden. Damit werden Dinge genauer bezeichnet.

Beispiel

die Sonne + das System
= das Sonnensystem

* Jeweils die Anfangsbuchstaben der Wörter beziehen sich auf den Planeten, also **M**ein = **Merkur**, **V**ater = **Venus**, …

REGEL

Tageszeiten

Wenn du einen Artikel vor das Wort setzen kannst, wird das Wort großgeschrieben.

Beispiel

der Abend ⟷ abends

Suses Tag

Heute soll Suse als Hausaufgabe | ihren Tagesablauf beschreiben. | Sie beginnt damit zu beschreiben, | wann sie **morgens** aufsteht. | Nachdem sie gefrühstückt hat, | geht sie zur Schule. | Sie kommt **mittags** ungefähr | um halb eins nach Hause. | Da wartet Mama schon | mit dem Mittagessen. | Danach macht sie immer | gleich ihre Hausaufgaben. | Die **Nachmittage** sind unterschiedlich. | Einmal in der Woche | geht sie in die Musikschule | und zweimal zum Sport. | Am **Abend** ist sie dann | mit ihrer Familie zusammen. | Dann darf sie kurz fernsehen | oder alle spielen gemeinsam. | Wie alle Kinder schläft sie **nachts**. |

91 Wörter

Am Wochenende

Am Wochenende ist Suses Tagesablauf etwas anders. | **Samstags** und **sonntags** | haben die Eltern meistens Zeit, | **morgens** gemeinsam mit Suse | und ihrer Schwester Lisa zu frühstücken. | Danach müssen einige Arbeiten | im Haus erledigt werden. | Beim Kochen hilft Suse **mittags** gerne. |
Am **Nachmittag** trifft sich Suse häufig | mit Freunden zum Spielen. | **Abends** kommen manchmal Freunde | von Suses Eltern vorbei. | Dann wird gemeinsam gespielt | und Suse darf länger aufbleiben. | **Sonntags** machen sie oft Ausflüge | in den Zoo | oder eine Radtour. |

80 Wörter

REGEL

Tageszeiten

Wenn du einen Artikel vor das Wort setzen kannst, wird das Wort großgeschrieben.

Beispiel

der Morgen ⟷ morgens

REGEL

Anrede in Briefen

Sprichst du die Person mit **du** an, kannst du die Anrede (**du, dich, dein**) in Briefen klein- oder großschreiben.

Beispiel

Du/du, Dich/dich, Dein/dein

* auch: Dir, Du, Dich, Deine

Der erste Flug

Liebe Oma, |
mein erster Flug war einfach toll. | Ich kann es gar nicht abwarten, | **dir*** die Bilder zu zeigen. | Nachdem wir unsere Koffer | aufgegeben hatten, | sind wir auf die Aussichtsplattform gegangen. | Ich habe ganz viele Flugzeuge | aus der Nähe gesehen, | kannst du **dir*** das vorstellen? | Als wir dann im Flugzeug saßen, | hatte ich schon ein bisschen Angst | vor dem Start. | Aber es hat nur ein wenig | im Bauch gekribbelt. | Genau wie **du*** gesagt hast. | Ich durfte am Fenster sitzen | und konnte nach draußen schauen. | Ich freue mich schon | auf den Rückflug und auf **dich***. |
Viele Grüße |
deine* Svenja |

98 Wörter

Überall Müll

Sehr geehrter Herr Bürgermeister, |
wir, die Klasse 3a, | möchten uns über den Spielplatz | in der Gartenstraße beschweren. | Überall liegt Müll herum. | Wir können uns an den Scherben schneiden. | Auf einige Spielgeräte | trauen wir uns nicht mehr hinauf, | denn wir wissen nicht, | ob sie noch sicher sind. | Deswegen bitten wir **Sie** | etwas dagegen zu tun. |
Wir wollen unseren Spielplatz wieder benutzen. | Bitte lassen **Sie** den Müll wegräumen. | Wenn neue Mülltonnen aufgestellt werden, | wird der Müll nicht mehr einfach so herumliegen. |
Wir danken **Ihnen** für **Ihre** Hilfe. |
Mit freundlichen Grüßen |
Ihre Kinder der Klasse 3a |

95 Wörter

REGEL

Anrede in Briefen

Die Anrede in einem Brief wird großgeschrieben, wenn du die Person mit **Sie** ansprichst. Dann werden auch alle Anredepronomen großgeschrieben.

Beispiel

Sie, Ihnen, Ihr

REGEL

fiel oder viel?

Achte beim Schreiben auf den Inhalt des Textes, dann kannst du gleichklingende Wörter voneinander unterscheiden.

Beispiel

Er hat viel Glück gehabt. (viel = eine Menge)
Er fiel auf den Boden. (fiel → fallen)

Wie die Dinosaurier ausstarben

Vor **vielen** Millionen Jahren | lebten auf der Erde die Dinosaurier. | Sie waren die damals lebenden Reptilien. | Es gab **viele** verschiedene Arten. | Zum Beispiel Fleischfresser oder Pflanzenfresser, | Flugsaurier oder im Wasser lebende Saurier. |
Durch ihre Größe und Kraft | **fiel** es ihnen leicht, | die Erde für sich einzunehmen. |
Vor etwa 65 Millionen Jahren | **fielen** die Dinosaurier einem Massensterben zum Opfer, | das bis heute Rätsel aufgibt. | Eine Theorie besagt, | dass ein riesiger Meteorit auf die Erde **fiel** | und die Dinosaurier daraufhin ausstarben. |

83 Wörter

Nie mehr ins Meer

Im Urlaub hatte Erika ein schlimmes Erlebnis. | Sie hatte sich so | auf den Urlaub am **Meer** gefreut. | Endlich mal schwimmen gehen | und nicht **mehr** nur wandern, | wie im letzten Urlaub. |
Doch am dritten Tag | erwischte Erika eine riesige Welle. | Sie wurde unter Wasser gezogen | und bekam keine Luft **mehr**. | Zum Glück war in der Nähe ein Junge | aus ihrem Hotel im **Meer**. | Er hatte gesehen, | wie Erika untergegangen war. | Er schwamm zu der Stelle | und konnte sie aus dem **Meer** ziehen. | Erika schwor sich, | nie **mehr** ins **Meer** zu gehen. |

94 Wörter

REGEL

Meer oder mehr?

Achte beim Schreiben auf den Inhalt des Textes, dann kannst du gleichklingende Wörter voneinander unterscheiden.

Beispiel

Sie will ans Meer fahren.
Sie wollte mehr Zeit haben.

REGEL

Wal oder Wahl?

Achte beim Schreiben auf den Inhalt des Textes, dann kannst du gleichklingende Wörter voneinander unterscheiden.

Beispiel

Der Wal schwimmt im Meer.
Die Wahl findet heute statt.

Der gestrandete Wal

Sascha traut seinen Augen kaum. | Als er heute Morgen | auf dem Weg zur Ferienfreizeit | am Strand entlangfährt, | sieht er einen riesigen **Wal** an Land liegen. | Er zögert nur kurz, | er hat keine **Wahl**. | Wie der Blitz fährt er zur Polizei | und erzählt von dem gestrandeten **Wal**. | Die Polizisten versprechen | alles Nötige zu tun. |
Dann fährt Sascha zurück nach Hause | und holt Eimer und Decken. | Er muss den **Wal** feucht halten, | bis er wieder ins Meer | zurückgebracht werden kann. |

81 Wörter

Die Erfindung des Rades

Das **Rad** ist eine der wichtigsten Erfindungen der Menschheit. | Bei anderen Erfindungen | hat der Mensch meist den **Rat** | der Natur angenommen. | Aber ein **Rad** oder etwas, | das ähnlich funktioniert, | gibt es in der Natur nicht. |
Die ersten Räder waren Holzscheiben, | die ein großes Gewicht hatten. |
Aus unserer Zeit | ist das **Rad** nicht mehr wegzudenken. | Täglich benutzen wir es an Autos, | Bussen oder in vielen Maschinen. |

69 Wörter

REGEL

Rad oder Rat?

Achte beim Schreiben auf den Inhalt des Textes, dann kannst du gleichklingende Wörter voneinander unterscheiden.

Beispiel

Das Rad dreht sich.
Ich nehme deinen Rat an.

REGEL

Fremdwörter

Für einige Wörter, v. a. Fremdwörter, gibt es keine Rechtschreibregel. Diese Wörter musst du dir merken.

Merke dir

E-Mail, Computer, surfen, Interview, Camping, Snack, Chaos, Baguette

Am Computer

Leander sitzt in seiner Freizeit | am liebsten am **Computer**. | Er trifft sich **online** | mit seinen Freunden im **Chat** | oder schreibt ihnen **E-Mails**. | Im **Internet** kann er außerdem **surfen** | und die neuesten **Interviews** | mit seinen **Stars** lesen. | Am allermeisten wünscht er sich einen **Laptop**, | damit er überall im Haus | am **Computer** sitzen kann. | Komisch ist nur, | dass seine Freunde immer seltener vorbeikommen. | Vielleicht wäre es doch besser, | sich öfter mal ohne **Computer** zu beschäftigen. |

75 Wörter

Camping im Wohnzimmer

Eigentlich hat Papa Iris versprochen, | dass sie am Wochenende **campen** fahren. | Doch jetzt stürmt und regnet es, | sodass überall **Chaos** herrscht. | Iris ist sauer, | sie hatte sich so darauf gefreut. | Da hat ihr Papa eine tolle Idee: | Zusammen bauen sie im Wohnzimmer das Zelt auf. | Als **Snack** essen sie **Baguette** mit Salat | und als Nachtisch **Joghurt***. | Leider müssen sie ohne den Grill | und die **Steaks** auskommen. | Viel wichtiger ist jedoch, | dass sie viel Spaß haben | und trocken bleiben. |

81 Wörter

* auch: Jogurt

Erste Liebe

In die Wohnung eine **Etage** über Katrin | ist eine neue Familie eingezogen. | Sie würde gerne | den Sohn Michael kennenlernen. | Katrin hat ihn | mit seinen **Inlinern** fahren sehen. | Sie hat schon herausgefunden, | welche **Route** er immer fährt. | Jetzt sieht sie ihn | im Hinterhof auf der Bank sitzen. | Er liest einen **Comic** | und hat eine Tüte **Chips** dabei. | Katrin überlegt, | wie sie ihn ansprechen kann. | Sie hat noch **Bonbons** von ihrer Oma. | Aber zuerst muss sie überlegen, | was sie anzieht. | Sie kann doch nicht | in den alten **Jeans** | und diesem **T-Shirt** auftauchen. |

92 Wörter

REGEL

Fremdwörter

Für einige Wörter, v. a. Fremdwörter, gibt es keine Rechtschreibregel. Diese Wörter musst du dir merken.

Merke dir

Jeans, T-Shirt, Chips, Etage, Comic

REGEL

Silbentrennung

Hast du am Zeilenende nicht mehr genug Platz, musst du nach einer Silbe abtrennen.
Ein einzelner Mitlaut wird immer abgetrennt.

Beispiel

ha-ben

Bei mehreren Mitlauten wird der letzte Mitlaut abgetrennt.

Beispiel

stör-risch

Sturheit

Esel werden häufig | als störrisch und bockig beschrieben. | Mit diesen Verhaltensweisen | haben sie auch Einzug in die Märchen- und Fabelwelt gefunden. | Diese Sturheit zeigen Esel | jedoch nur in Stresssituationen. | Anders als Pferde, | die bei Stress flüchten, | bleibt ein Esel wie angewurzelt stehen. | Der Versuch ihn zum Weitergehen zu drängen, | macht ihn noch unbeweglicher. |
Es gibt nur noch wenige wilde Esel, | sie sind vom Aussterben bedroht. | Der Hausesel wird zum Tragen | von schweren Lasten eingesetzt. |

75 Wörter

Stur-heit mit Silbentrennung

Esel wer-den häu-fig als stör-risch und bo-ckig be-schrie-ben. Mit die-sen Ver-hal-tens-wei-sen ha-ben sie auch Ein-zug in die Mär-chen- und Fa-bel-welt ge-fun-den. Die-se Stur-heit zei-gen Esel je-doch nur in Stress-si-tu-a-tio-nen. An-ders als Pfer-de, die bei Stress flüch-ten, bleibt ein Esel wie an-ge-wur-zelt ste-hen. Der Ver-such ihn zum Wei-ter-ge-hen zu drän-gen, macht ihn noch un-be-weg-li-cher.
Es gibt nur noch we-ni-ge wil-de Esel, sie sind vom Aus-ster-ben be-droht. Der Haus-esel wird zum Tra-gen von schwe-ren Las-ten ein-ge-setzt.

Die Erfindung des Fußballs

Schon dreihundert Jahre vor Christus | gab es in China ein fußballähnliches Spiel. | Der moderne Fußball | wurde jedoch in England erfunden | und an Schulen | als Sport betrieben. | 1848 wurden die ersten Fußballregeln aufgeschrieben. | 1857 wurde in England der erste Fußballverein | der Welt gegründet. |1874 kam das Fußballspiel | auch nach Deutschland. | Der Lehrer Konrad Koch führte es | in einer Schule in Braunschweig ein. | 1900 wurde der deutsche Fußballbund gegründet | und Fußball wurde olympisch. |

74 Wörter

Die Er-fin-dung des Fuß-balls

mit Silbentrennung

Schon drei-hun-dert Jah-re vor Chris-tus gab es
in Chi-na ein fuß-ball-ähn-li-ches Spiel. Der
mo-der-ne Fuß-ball wur-de je-doch in Eng-
land er-fun-den und an Schu-len als Sport be-
trie-ben. 1848 wur-den die ers-ten Fuß-ball-
re-geln auf-ge-schrie-ben. 1857 wur-de in Eng-
land der ers-te Fuß-ball-ver-ein der Welt ge-
grün-det. 1874 kam das Fuß-ball-spiel auch
nach Deutsch-land. Der Leh-rer Kon-rad Koch
führ-te es in ei-ner Schu-le in Braun-schweig
ein. 1900 wur-de der deut-sche Fuß-ball-bund
ge-grün-det und Fuß-ball wur-de olym-pisch.

REGEL

Silbentrennung

Hast du am Zeilenende nicht mehr genug Platz, musst du nach einer Silbe abtrennen.
Ein einzelner Mitlaut wird immer abgetrennt.

Beispiel

Re-geln

Bei mehreren Mitlauten wird der letzte Mitlaut abgetrennt.

Beispiel

hun-dert

REGEL

Trennung von st

Wörter, bei denen man in der Mitte ein **st** hört, trennt man zwischen den beiden Buchstaben **s** und **t**.

Beispiel

Wüs-te, Kis-te, Fens-ter

Sommerferien

Lilli fühlt sich heute wie in der **Wüste**. | Es sind Sommerferien | und es ist extrem heiß. | Am **liebsten** würde sie jetzt | irgendwo an der **Küste** wohnen. | Dann könnte sie im Meer baden. | Leider hat sie nur ihre **Spielekiste** mit Wasser | und badet ihre Füße darin. | Zum Abkühlen hilft das aber auch. |

52 Wörter

Sommerferien mit Silbentrennung

Lilli fühlt sich heute wie in der **Wüs-te**. Es sind Sommerferien und es ist extrem heiß. Am **liebs-ten** würde sie jetzt irgendwo an der **Küs-te** wohnen. Dann könnte sie im Meer baden. Leider hat sie nur ihre **Spie-le-kis-te** mit Wasser und badet ihre Füße darin. Zum Abkühlen hilft das aber auch.

Bäcker am Werk

Milla und Lars wollen ihrer Oma | zum Geburtstag einen **leckeren** Kuchen **backen**. | Milla wiegt Mehl und Lars anschließend den **Zucker** ab. | Mit den Eiern und dem Kakaopulver | verrühren sie alles zu einem Teig | und geben ihn in den **Backofen**. | In der Hitze des **Backofens** | geht der Teig auf. | Die Kinder freuen sich schon darauf | Oma zu überraschen. |

60 Wörter

Bä-cker am Werk mit Silbentrennung

Milla und Lars wollen ihrer Oma zum Geburtstag einen **le-cke-ren** Kuchen **ba-cken**. Milla wiegt Mehl und Lars anschließend den **Zu-cker** ab. Mit den Eiern und dem Ka-kaopulver verrühren sie alles zu einem Teig und geben ihn in den **Back-ofen**. In der Hitze des **Back-ofens** geht der Teig auf. Die Kinder freuen sich schon darauf Oma zu überraschen.

REGEL

Trennung von ck

Der Laut **ck** darf nicht getrennt werden, er wird in die nächste Silbe übernommen.

Beispiel

Zu-cker, ba-cken, le-cker

REGEL

Komma bei Aufzählungen

Wenn du mehrere Dinge aufzählen möchtest, musst du zwischen jedes Wort ein Komma setzen.

Das letzte Wort fügst du mit einem ***und*** an. Davor steht dann kein Komma mehr.

Unser Körper

Der Körper des Menschen ist ein Wunder. | Das Gehirn steuert unsere Körperfunktionen. | Es gibt Befehle an die Muskeln, | die Nerven und die Organe. | Mit unseren Sinnen können wir sehen, | hören, riechen, schmecken und tasten. | So sind wir in der Lage | uns zu verständigen | und unsere Umwelt wahrzunehmen. | Unsere Muskeln und Gelenke | sind für die Beweglichkeit | unserer Körperteile zuständig. | Wir können den Kopf, | die Arme, die Beine, die Hände und den Oberkörper bewegen. | Stellt man sich vor, | was unser Körper täglich leisten muss, | sollten wir versuchen, | gut mit ihm umzugehen, | damit er uns nicht im Stich lässt. |

98 Wörter

Hitzefrei

Schon am frühen Morgen | war es über fünfundzwanzig Grad warm, | **das** war kaum auszuhalten. | Alle stöhnten und konnten sich | kaum konzentrieren. | Herr Lehmann hatte alle Fenster | und Türen weit geöffnet, | **das** machte es etwas angenehmer. | Laura hatte schon mehrmals gesagt, | **dass** ihr schwindlig war. |
Als um elf Uhr die erlösende Durchsage kam, | **dass** nach der vierten Stunde hitzefrei sei, | waren alle froh. | Die Kinder wollten sofort ins Schwimmbad gehen, | **das** würde ein Spaß werden. | Dort würden sie sich endlich abkühlen können. |

82 Wörter

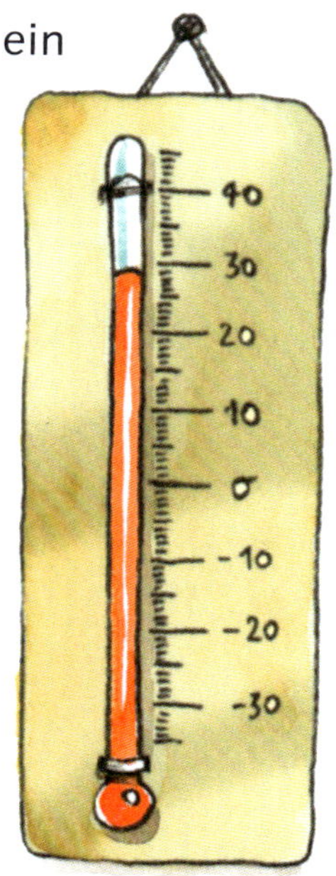

REGEL

Komma bei das/dass

Ein Nebensatz der mit **dass** beginnt, wird mit Komma vom Hauptsatz abgetrennt.

Beispiel

Ich wette, dass du Letzter wirst.

Kannst du ***dieses***, ***jenes*** oder ***welches*** einsetzen, wird **das** geschrieben.

Beispiel

Ich wette, das Wetter wird so bleiben.

REGEL

Wörtliche Rede

Die wörtliche Rede besteht aus einem Begleitsatz und den Satzzeichen, die den gesprochenen Text einrahmen.
Steht der Begleitsatz vorne, folgen Doppelpunkt und Anführungszeichen.

Beispiel

Tim sagt: „Ich gehe ins Schwimmbad."

Steht der Begleitsatz hinter der wörtlichen Rede, wird er mit einem Komma abgetrennt.

Beispiel

„Ich gehe ins Schwimmbad", sagt Tim.

Ausrufe-/ Fragezeichen stehen innerhalb der Anführungszeichen.

Beispiel

„Gehen wir morgen ins Schwimmbad?", fragt Tim.

Der Streit

Lisa und Elena sind Freundinnen. | Sie streiten selten | und haben sich auch immer wieder vertragen. | Dieses Mal ist es anders. | Elena hat ein ganz schlechtes Gewissen. |
„Das ist mir so rausgerutscht", erklärt sie. |
„Ich wollte dein Geheimnis nicht verraten." |
„Aber jetzt wissen es alle!", ruft Lisa beleidigt. |
„Es tut mir leid, | das musst du mir einfach glauben", antwortet Elena. |
Doch Lisa lässt sich nicht so einfach überzeugen. |
„Du weißt, wie peinlich mir das vor der Klasse ist!", schimpft Lisa. | Da kommt Elena eine Idee. | Sie steht auf und ruft allen zu: | „Ich mag Herrn Wolter auch!" | Da muss Lisa lachen. |

102 Wörter

Fußballer unter sich

Stefan ruft Timo wütend zu: | „Nun gib doch ab! | Ich stehe frei!" |
Mitten im Spiel | gegen die Mannschaft der Wigbertschule | steht es zwei zu zwei. | Stefan ärgert sich, | er hätte auf das Tor schießen können. | Nun haben sie wieder eine Chance verpasst. |
Timo kommt zu ihm und sagt: | „Tut mir leid, ich habe dich zu spät gesehen." |
„Schon gut, aber wir müssen jetzt einfach | besser zusammenspielen, | wenn wir noch gewinnen wollen", | antwortet Stefan. |
Als Timo beim nächsten Angriff | wieder den Ball hat, steht Stefan frei. | Timo gibt ab und Stefan schießt ein Tor. |

96 Wörter

REGEL

Wörtliche Rede

Die wörtliche Rede besteht aus einem Begleitsatz und den Satzzeichen, die den gesprochenen Text einrahmen.

Beispiele findest du bei der Regel auf Seite 92.

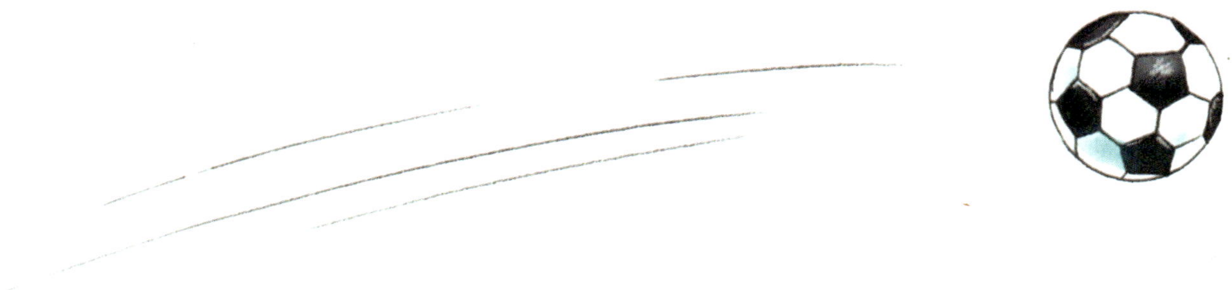

REGEL

Wörtliche Rede

Die wörtliche Rede besteht aus einem Begleitsatz und den Satzzeichen, die den gesprochenen Text einrahmen.

Beispiele findest du bei der Regel auf Seite 92.

Unsere Umwelt

In der Umwelt-AG | bekommen die Kinder der Waldschule | Tipps für den Umweltschutz. | Sie wissen, wie man Wasser sparen kann | oder weniger Müll macht. | Heute erklärt ihnen Frau Meier | die erneuerbaren Energien. | „Unsere Autos fahren häufig | noch mit Benzin aus Erdöl. | Der Vorrat an Erdöl | ist aber bald aufgebraucht“, erklärt sie. |
Sabrina wirft ein: | „Unser Auto fährt schon mit Erdgas.“ |
„Das ist toll! | Leider denken nicht viele Menschen so“, antwortet Frau Meier. |
Die Kinder beschließen, | Plakate als Information herzustellen | und sie in der Schule aufzuhängen. |

86 Wörter

Hier findest du Wörter, die häufig falsch geschrieben werden:

A
Ärger, der
Akzent, der
außerdem

B
Baguette, das
Barfußpfad, der
Blaue Marlin, der

C
campen
Camping, das
Chaos, das
Chat, der
Christus, der
Computer, der

D
draußen
dressieren
dürr

E
Etage, die
E-Mail, die
europäisch

F
Fahrrad, das
funktionieren

G
Gepard, der

H
harren

I
Interview, das

J
Joghurt, der
jonglieren

K
Kilogramm, das
Konkurrent, der

L
Laptop, das
Leguan, der

M
Minute, die

N
nämlich
nichts

O
online

P
Pfadfinder, der
Picknick, das

Q

Quadratzentimeter, der

R

Radtour, die
Reptilien, die

S

Samurai, der
Schwarze Mamba, die
Sonnensystem, das
Starre, die
Steak, das
Stundenkilometer, der

T

Temperatur, die
Totenkopfaffe, der
Tümmler, der
Turnier, das

U

unfair

V

Vesuv, der
Verwandtschaft, die
violett
Vulkan, der

W

Wahrheit, die
Waran, der
Weihnachten

Z

ziemlich
zuletzt